呉天竺三蔵康僧会旧雑譬喩経　全訳

壺の中の女

西村正身・羅黨興　訳

時道邊有樹。下有好泉水。太子上樹。逢見梵志獨行來入水池浴出飯食。作術吐出一壺。壺中有女人。與於屏處作家室。梵志遂得臥。女人則腹作術。吐出一壺。壺中有年少男子復與共臥已便呑壺。須臾梵志起復内婦著壺中。呑之已作杖而去。

溪水社

扉漢文＝本書 18「壺の中の女」の原文の一部。出典：『旧雑譬喩経』

目次

（　）内は通し番号。凡例三④の現代中国語訳と一致。

解説

凡例

一　本書は呉の康僧会訳『旧雑譬喩経（くぞうひゆきょう）』の全訳である。タイトルは所収話のひとつである「壺の中の女」から採った。翻訳底本は『大正新脩大蔵経』第四巻所収版（No. 206, pp. 510b～522b）である。底本の所収話は「一」から「六一」までの六一話であるが、同一番号の中に複数の話が含まれている場合があるので、それをa～dで区別した。総計七〇話になる。（　）内にその通し話数を記した。

二　訳文中の〔　〕内の語句は訳補であるが、本文の一部としてお読みいただきたい。

三　翻訳にあたり、以下の既訳を参照した。

①É. Chavannes, *Cinq cints contes et apologues*, Ernest Leroux, Paris, 1910.（Tome I, pp. 347～428. ほぼ全訳であるが、一部省略、一部要約されている。）

②『仏教説話文学全集』第二、五、六巻所収のもの（各話は全訳に近いものであるが、省略されている部分もある。全七〇話のうち二九話の訳）、仏教説話文学全集刊行会、隆文館、昭和四四～四八年（一九六九～一九七三年）。

③『仏教説話体系』第九巻～第一一巻所収のもの（翻案と言ってもいい訳。全七〇話のうち三一話の訳）、仏教説話体系編集委員会、鈴木出版、一九八一～一九八三年。

　②③を合わせると全七〇話のうち四五話に一応既訳があることになる。従って、本邦初訳にあたるのは（遺漏がなければだが）二五話である。

④孫昌武・李賡揚訳注『雑譬喩経訳注（四種）』所収の現代中国語訳、中華書局、二〇〇八年（一～一〇四ページ。全訳。全七〇話とし、通し番号を付す。中華大蔵経所収のものを使用し、上巻は一三世紀の高麗蔵本、下巻は一

二世紀の趙城金蔵本を底本とする。原文、翻訳、注からなる）。

四　目次および各話のタイトルは、既訳を参考に訳者が設けた。

五　底本の原文に拠らず脚注等に従ったときは該当語句の冒頭に＊を付して各話末で説明した。底本の区切り方に従わなかった場合もあるが、それはとくに注記しない。

六　底本に段落はないが、読みやすいように適宜に設けた。

七　固有名詞としての「仏」はすべて「仏陀」とした。

八　各話内の仏教用語・人名・国名・度量衡等の注は本文の翻訳のあとに「用語・人名・国名等」として五十音順にまとめた。本文中には注の所在をとくに示さなかった。説話として通読する上で支障はないと判断したからである。度量衡（斤、斛、尺、升、丈、里）の実質は現代と異なるので注意が必要であるが、それを含め、必要に応じてご覧いただきたい。

九　もうひとつ、既訳・類話・文献に関する注を別に用意した。網羅的なものではないが、興味のある方は是非お読みいただきたい。

壺の中の女

巻上〔1（1）～34（38）〕

1（1） 商人と人喰い鬼

昔、無数の世をさかのぼったころ、ひとりの商人がいた。隊商を率いる商人であった。あるとき、たまたま他国へ行き、持っていった商品を売りさばいた。〔そのとき〕滞在していたのが仏《ブッ》陀《ダ》の弟子が住んでいる家の近くであった。その仏陀の弟子の家では、ちょうどそのとき、福をもたらす催しが盛大に行なわれていて、一段高い座を設けて大勢の僧が説法をしたり、罪や福についてあれこれ講じ合ったりしていた。善悪は心や体や言葉や行ないに由来するといったことや、〔神聖な真理である〕四諦《したい》について、すべては滅びるのだという無常について、苦しみや空《くう》についての教えなどが論じられていた。

遠くからやって来ていたその商人は、あるとき立ち寄って話を聞いてみた。〔すると、〕心が開かれ、信じる気になり、喜びを感じたので、五戒を受けて在俗の信者になった。すると、年長の僧が仏陀の教えを説いて励まし喜ばせながら、こう言った、「生まれ正しい若者よ、体や口や心において十善を身につければ、それぞれの戒に五人の神さまがいるので、五戒ならば二五人の神さまがいることになり、この世では〔あなたを〕護って冤罪や事件に巻き込まれないようにしてくださるし、来世においては、生滅変化することのない真理を得られるようにしてくださるでしょう」。商人はそうした法《おしえ》を聞いて、さらに計り知れぬ喜びを感じた。そののち、彼は本国へと帰って行った。

〔自分の〕国には仏陀の法《おしえ》はまったく知られていなかったので、教えを広めようとしたが、誰も受け入れてくれなかったらどうしようと恐れ、自分が受けた法《おしえ》を説いて、まず父母や兄弟や妻子を、それから〔だんだんに〕その他の人々を教化していった。みんな法《おしえ》を受け入れてくれた。

その商人の国から隔たること千里のところに、ある国があった。多くの民がいて、豊かで楽しい〔暮らしをしており、〕物資が豊富にあった。〔ところが、〕その二つの国の間はふさがれていて、百年余りもの間まったく行き来がなかったのである。それは〔二国間の〕途中に夜叉がいて、通る人を捕えては喰らい、その〔人数が〕数え切れないほどになっていたため、ついに〔二国間は〕断絶して、行き来する人がいなくなってしまったためであった。

商人は思いを巡らせた、「私は仏陀の〔五〕戒を受けている。〔それに〕経典の説くとおりに仏陀を尊敬して戒律を守っているから、二五の神さまがきっと私を助けてくださる。それは疑いのないことだ。その鬼というのは一人しかいないと聞いている。出向いていってひれ伏せば、きっとそいつを捕まえることができるだろう」。

そのころ、同じような商人が五百人余りもいたので、彼はその人たちにこう言った、「私には不思議な力があって、あの鬼を降伏させることができます。かの地に行けるようになれば、みなさんは大きな利益を上げることができるではありませんか」。人々は互いに意見を出し合った、「二つの国〔の人たち〕が往来しなくなってから久しい年月が経っている。もし向こうの国へ行くことができれば、利益は計り知れないぞ」。

そういうわけで彼らは出かけることに同意し、旅立った。途中まで行くと、鬼が何かを喰い散らかしたあとが見えた。そこいらじゅうに人骨や髪の毛が散乱しており、地面を覆っていた。〔それを見た〕隊商主は思いを巡らせた、「あの鬼神がこれまで人を喰ってきたことが、これで確かになった。おれは死んでも本望だ。だが、〔いっしょに来てくれた〕この人たちのことを心配しなければならない」。そこでみんなに向かって、こう言った、「みなさんはここにいてください。私がひとりで行って来ます。鬼を打ち負かすことができたら、みなさんを迎えに戻って来ます。もし戻って来なかったら、そのときは喰い殺されたものと思って〔国に〕帰り、この先には進まないでください」。

そう言うと彼はひとりでその先数里の道を進んで行った。遠くから鬼がやって来るのが見えたが、心を正し、仏陀に思いを寄せると、覚悟が定まり、恐れも消え失せた。鬼がそばに来て聞いた、「お前は誰だ？」彼は答えた、「私はこの道を通れるようにする導師だ」。鬼は大笑いして言った、「おれの噂は聞いたことがあるだろ？　それなのにここを通りたいというのか？」隊商主は言った、「あなたがここにいることを承知の上で、あなたに会いに来たのだ。私はあなたと闘わなければならない。もしあなたが勝ったら、私を食べてもいい。〔だが、〕もし私が勝ったら、誰でもこの道を通れるようにして、人々のためになるようにしてくれ」。鬼が言った、「どちらが先に手を下すのだ？」商人が言った、「私が会いに来たのだから、私が先に手を下そう」。鬼はそれを聞いて、いいだろうと認めた。

〔そこで商人は、〕右手で殴りかかった。〔すると〕その手が鬼の腹にしっかりとめり込んでしまい、抜けなくなってしまった。〔そこで〕左手で再び殴りかかったが、〔その手も〕またもめり込んでしまった。こうして両脚も頭もすべて鬼の中にめり込んでしまい、まったく動けなくなってしまった。すると、夜叉《やしゃ》が詩によってこう問いかけてきた。〔そして、鬼と商人の問答が始まった。〕

「手も足も、果ては頭までも　五体すべてが絡め取られて
　もう死ぬしかないというのに　そんなにあがいて何になる」
「手も足も、果ては頭までも　五体すべてが締めつけられても
　心は金剛《ダイヤモンド》のごとく揺るがない　それを引き裂くことはできぬ」
「おれは神々の中の王　鬼となって途方もない力を手に入れた
　これまでお前のような輩を喰い続け　その数は数え切れぬ
　今お前の死が迫っているというのに　〔仏陀に〕媚びて何になるのだ」
「この身は儚《はかな》きもの　私は早く〔それを〕捨て、離れてしまいたい

魔物よ、今わが願いを叶えてくれるなら　この身はそなたにやろう
この身によって正しい悟りを得た　無上の智を成し遂げたのだから」
「その志はすばらしい、偉大な隊商主よ　三界のどこにも見出せぬ
あなたは人々に悟りを得させる師となろう　遠からずそうなろう
おれはあなたに従う　頭を地につけ、敬意をこめて礼拝するとしよう」

そう言うと夜叉は進み出て五戒を受けた。〔隊商主も〕礼を尽くした。〔すると夜叉は〕山の奥深くに去って行った。隊商主は戻って人々を呼び寄せ、〔目的の〕国へと進んで行った。

こうして二つの国がともに、五戒と十善が鬼を従わせて道を通れるようにしたのだということを知り、仏陀の法《おしえ》がこの上ない真実のものであり、計り知れない〔ありがたい〕ものであることを知ったのだ。みんなが〔五〕戒を受け、〔仏法僧の〕三尊を受け入れ尊重したので、国は平和になった。のちに〔彼らは〕天に昇り、道《さとり》を得た。それは五戒を守った賢者をまっすぐに信じる〔ことで生まれる〕ありがたい力〔のおかげなの〕である。

仏陀が比丘たちに言った、「そのときの隊商主は私だったのだ」。菩薩は亡くなった人をも〔悟りの彼岸である〕波羅蜜《はらみつ》に到達させてくれるのだ。悟りを得させるとはそういうことである。

2（2） 孔雀王

気の遠くなるような大昔のこと、そのとき、孔雀の王がおり、五百羽の雌の孔雀を従えて、いっしょに山々を歩き回っていたのだが、〔あるとき〕青サギを見てすっかり惚れ込んでしまい、五百羽の雌孔雀を捨てて、その青サギのあとを追いかけて行った。青サギはおいしい飲み物〔しか飲まず〕うまいものしか食べなかった。

そのころ、国王の夫人が病気になり、夜、夢に孔雀の王を見た。目覚めると王にこう言った、「どうか多額の賞金を出して、それを手に入れてください」。〔そこで〕王は猟師たちにこう命じた、「孔雀の王をつかまえて持ってきた者には、金百斤を贈り、娘を妻として与える」。猟師たちは山々へ散って行った。

〔ある猟師が〕青サギのあとからついていく孔雀を見つけた。そこで蜂蜜に麦の粉を混ぜたものをあちこちの樹に塗りつけた。孔雀は毎日、それを青サギのために取っては食べさせてやり、そうしているうちに、〔青サギは〕それなしではいられなくなってしまった。そこで〔狩〕人は、蜂蜜に麦の粉を混ぜたものを自分の身に塗りたくった。孔雀はその蜂蜜に麦の粉を混ぜたものを取りに行く。こうしてあっと言う間に〔狩〕人は孔雀を生け捕りにすることに成功した。孔雀は

〔狩〕人に言った、「私を解き放ってくれたら、山のような金をやろう」。〔すると、狩〕人が言った、「王はおれに金だけじゃなくて女房までくれるんだ。おれには生涯それだけで充分さ」。

〔そう言うと孔雀を〕持っていき、王に〔つかまえましたと〕言った。孔雀が大王に言った、「王さまは夫人を心から愛されているがゆえに、〔私を〕つかまえさせたのですね。どうか水を持って来させてください。〔その水に〕呪文をかけてあげましょう。それを夫人に飲ませ、〔それで〕入浴させてください。もしそれで病気が良くならなかったら、そのときに〔私を〕殺しても遅くはないでしょう」。そこで王は水を与えて呪文をかけさせ、それを夫人に、飲むようにと与えた。病はすぐに治ってしまった。

〔ところで〕宮廷の中であれ外であれ、さまざまな病に苦しむ人たちが大勢いた。〔そうした人たちが〕皆、その水によってことごとく治癒してしまった。国王から庶民に至るまで、その水を求めてやって来る人の数は計り知れないほどであった。

〔そこで〕孔雀が大王に言った、「私の足を木に縛りつけて、湖水の中を自由に歩けるようにしてください。〔湖水の〕すべてに呪文をかけますから、遠くに住む人にも近くに住む人にも自由に好きなだけ水を持って行かせてください」。王が、それはいいことだと言うと、すぐに木が運ばれてきて、それを湖水の中に入れた。〔孔雀は、〕その木に私の足をしっかりと縛りつけるようにと頼むと、〔湖水の〕すべてに呪文をかけた。

人々がその水を飲むと、耳の聞こえない者は聞こえるようになり、目の見えない者は見えるようになり、足のなえた者の足も、背中の曲がっている者の背も、みんなまっすぐに伸びた。孔雀が大王に言った、「国中のひどい病は、これですべて治りました。人々は私に、まるで天神ででもあるかのように供え物をしてくれます。〔ですから〕私にはもうここを去る気はなくなりました。王さま、どうか私の足を解き放ってください。そして、行ったり来たりして湖水に入れるようにしてください。暗くなったら、この梁の上にとまって夜を明かすことにします」。王はすぐさま孔雀を解き放つよう命じた。

　こうして数ヶ月が過ぎ去ったとき、孔雀は梁の上で大笑いをし始めた。王が尋ねた、「どうして笑っているのだ?」〔孔雀は〕答えた、「この世で三つの愚行が行なわれたことに気づいて笑っているのですよ。一つは私の〔犯した〕愚行です。二つ目は猟師の愚行、三つ目は王さまの愚行です。私は五百羽の雌の孔雀といっしょにいたのに、それをみんな打ち捨てて青サギのあとを追いかけたのです。その心をどうしても我がものにしたいと思ったために猟師につかまってしまいました。それがつまり私の愚行だったのです。猟師は猟師で、私が山のような金をやろうと言ったのにそれを受け取らず、王さまがおれに妻も金もくれると約束してくれたんだと言ったのです。それが猟師の愚行でした。王さま、〔あなた〕は神のごとき医王を手に入れました。お妃も太子も国中の人たちも、みんな病をかかえていましたが、すべて〔の病〕がすっかり治って、みんな一段と端正になったではありませんか。王さま、〔あなた〕は神医を手に入れたのに、それをしっかりととらえておくことはせず、〔解き放って〕思い通りにさせたのです。それが王さまの愚行だったということです」。〔そう言うと、〕孔雀は飛び去って行った。

仏陀が舎利弗《シャリホツ》に言った、「そのときの孔雀王は私自身であり、そのときの王はそなただったのだ。妃は今の調達《チョウダツ》の妻で、猟師というのが調達そのひとだったのだよ」。

3（3）　燃える服

昔、ある国王がいて、広大な湿地帯で狩りをしていたとき、大いに腹が減り、喉が渇き、疲れ果ててしまった。遙か遠くに生い茂った樹木と家が見えたので、すぐさまそこへ行った。中には女がひとりいた。王は飲み物と、果物のようなものでいいから何か食べるものはないかと要求した。欲しいものはすべて出てきた。王が女に、姿を見せてほしいと頼むと、召使いがこう言った、「〔実は〕裸で、着る服がないのです」。王はすぐさま着ている服を脱いで、〔女に〕与えた。すると、自然に火が出て、服は焼けてしまった。そうしたことが三度続いた。

王はびっくりして女に尋ねた、「どうしてそんなふうになってしまうのだ？」女は答えて言った、「前世、わたしは王さまの妻でした。王さまが沙門《しゃもん》や梵志《バラモン》に食事を与えたり、服を与えたりなさったとき、わたしは、『食事を与えるだけなら、いいでしょう。服までやることはありませんわ』と言ったのです。それで今、こうして罪人の身に甘んじているのです。王さま、もしわたしのことを助けてくださるおつもりなら、国中の沙門や道士《バラモン》や仏陀の教えに通じている人のために服を作って、与えてください。そうした人がわたしのために祈ってくださるなら、この苦しみから抜け出すことができるでしょう」。

王は承知し、国に帰ると服を作らせ、沙門や道人《バラモン》を残らず招いたが、そのとき王国には仏陀の教えに通じている者はひとりもいなかった。王は思い出したように、使っていた渡し守に、そういう人を知らないかと尋ねた。すると、渡し守が言った、「昔のことですが、ある人をただで渡してやったことがあります。〔その人は渡し賃の替わりだと言って〕五戒について書かれた一巻の書を読み聞かせてくれたのです」。王は、「〔では、〕そなたが仏陀の教えに通じているというわけだな」と言うと、その渡し守に服を与えて、「祈りを捧げて、裸でいる女が限りない福を授かり、今の苦しみから逃れることができるようにしてやってほしい」と頼んだ。〔渡し守が祈ると〕女はすぐさま新しい服でその身を包むことができるようになった。そうして、餓鬼道のうちにあった命が尽きて、第一天〔である四天王天〕に生まれ変わることができた。

4（4） 借金の報い

昔、海辺である王が狩りをしていて、ひとりの沙門を捕まえ、手元に置いて芸をさせた。沙門は、夜、経を唱え、仏陀の徳を称える歌を歌った。〔それを聞いた〕王は、「あの芸人は実に歌がうまい」と言って、来客があるときには〔必ず〕歌わせるようになった。

あるとき、在俗の信者でもある商人がその国にやって来たので、王はその人を招いて、例の沙門に歌を歌わせた。在俗の信者は、深い意味を持つ経が唱えられるのを聞いて、ひそかに心を躍らせながらその国を離れた。

〔やがて〕その人は、〔金貨〕一千万枚を持って、〔再び王を訪れ、沙門を〕引き取りたいと申し出た。三千万枚で王は彼を譲り与えた。商人は一礼をして〔沙門に〕言った、「私はあなたを〔金貨〕三千万枚で引き取りました。〔どこへでも好きな所へ〕行ってください」。

すると道人《しゃもん》は指を鳴らし、空中に浮かび上がって、こう言った、「あなたは御自分を贖ったのであって、私を贖ったのではありません。こういうわけです。昔、この王はタマネギを売る商人でした。あなたはタマネギを買いにこの王のところへ行ったのですが、〔手持ちのお金が〕三銭足りなかったのです。そのとき、私があなたの保証人となりました。ところが、あなたは、ついにその三銭を返さなかったのです。それが今では利息を生んで〔金貨〕三千万枚になったというわけです。〔これで〕あなたは、もとの三銭を返したことになるのです」。〔それを聞いた〕王*は、すぐにその意味を理解し、自分の過ちを悟り、五戒を受け入れて、在俗の信者になった。

師が言った、「〔だから〕借金というものは、多くても少なくてもしてはいけないし、また、他人の保証人となったりすることもいけないのだ」。

＊「王」の原文は「主」だが、商人はすでに在俗の信者であるので、脚注の「王」によった。

5（5）悔いた兄嫁

仏陀がまだこの世にいたころ、小さな男の子が、兄とその奥さんといっしょに暮らしていた。その子は毎日、仏陀のところへ行き、仏典や戒律を学んだりしていた。兄嫁が、そういうことはやめるようにと諫めたが、子供はやめなかった。

しばらくしたあるときのこと、〔兄嫁は〕その子を捕まえて縛り上げてしまい、棒で叩きながら、「仏陀と坊主どもがお前を助けてくれるんじゃないのかい？」と言った。男の子は泣き喚き、恐怖に襲われながらも、進んで〔仏法僧の〕三尊を信じてすがったので、すぐさま須陀洹《しゅだおん》の境地に達した。すると、仏陀のすばらしい力を与えられ*、〔男の子は〕縛り付けられている木とともに空中に舞い上がり、壁を出たり入ったり、地面の中から出てきたり入ったりし、どのようなことでも思いのままにやってのけた。兄嫁はそれを見て恐怖に襲われ、頭を地面にこすりつけて自分の過ちを悔いた。

そこで男の子は兄嫁のために、何が善い行ないであり、何が悪い行ないであるのかを説いて、いっしょに仏陀のところへ行き、ともに戒律を受けた。仏陀が、前世から決まっている運命と現世の因果のすべてを見せてやると、兄嫁は歓喜し、その心は開かれ、汚《けが》れが消え去って、須陀洹の境地を得た。

＊「与えられ」の原文は「乗」だが、脚注の「承」によった。

6（6） 龍に生まれ変わった沙彌《しゃみ》

昔、ひとりの羅漢がおり、沙彌とともに山中で修行をしていた。沙彌は毎日、ある道人の家へ行っては、食べ物を貰ってきた。〔行き来する〕道が堤の上にあったので、そこを通っていたが、険しく危険な道だったので、しょっちゅう転んでは食べ物を泥まみれにしてしまっていた。沙彌は汚れていない御飯を取り分けて、それを師の鉢の中に入れ、自分は汚れてしまった御飯を洗って食べていた。

そういうことが一日ならずあったので、師が言った、「どうして御飯を洗って、〔わざわざ〕味をなくしてしまうのだ?」〔沙彌は〕答えた、「食べ物をもらいに行くときは晴れているのですが、帰りに雨になってしまって、堤で転んで御飯をこぼしてしまうのです」。〔それを聞いた〕師は黙ってすわり、そのことに思いをこらして、沙彌をなぶっているのが龍であることを知った。

そこで彼は立ち上がると堤へ行き、持っていった杖で〔堤を〕叩いたり、小刻みに動かしたりした。〔やがて〕龍が老人の姿で現われ、地面に頭をつけてひれ伏した。沙門は言った、「そなたはなぜ私の沙彌をなぶり者になどしたのだ?」〔龍が〕答えて言った、「なぶり者にしたわけではなく、実のところを言えば、その容貌がひどく気に入ってしまったのです」。龍は〔続けて〕言った、「どうして毎日、彼はここを通るのですか?」師が答えた、「食べ物をもらいに行っているのですよ」。龍が言った、「では今日からは、どうか毎日私の館で食事をしてくださいませんか。私の寿命が尽きるまでそうさせてほしいのです」。沙門は沈黙することで、その申し出を受け入れた。

帰ると沙彌にこう言った、「そなたは〔これからは〕食べ物をもらいに行ったら、そこで食べて来なさい。食べ物は持ち帰らなくてもいい」。沙彌は〔言われたとおりに、それからは〕毎日、食事を済ませ〔て帰っ〕て来た。

　しばらくして、師の鉢の中に米粒が三つあるのに気づいた。その香りといい、美しさといい、そこいらの御飯の比ではなかった。〔そこで師である〕和上《わじょう》に尋ねてみた、「天上ででも食事をなさっているのですか？」師は黙ったまま応えようとしなかった。そこで沙彌は、師の様子を伺って、どこで食事をしているのかを探ってみることにし、〔師の〕寝床の下にもぐり込んで、その〔寝床の〕脚につかまっていた。〔そうとは知らぬ〕和上《わじょう》は〔寝床の上で〕坐禅をし、精神を統一した。〔すると〕寝床とともに飛び上がり、〔あっと言う間に〕七宝で飾られた龍の御殿に到着した。龍とその妻、大勢の侍女たちが沙門を出迎えて挨拶をし、沙彌にも挨拶をした。〔そのとき初めて〕師は〔弟子がそこにいることに〕気づき、〔寝床の下から出て来るよう〕呼び出して〔言った、〕「そなたの心をまっすぐに保つのだ。動じてはならぬ。尋常ではないこの光景に、心を乱されてはならぬ」。

〔師は〕食事を終えると、帰り際に〔さらに〕こう言った、「この者には館と七宝があり、妻と侍女たちがいるが、〔所詮は〕畜生として生まれたにすぎぬ。〔それにひきかえ〕そなたは沙彌だ。いまだに道《さとり》を得ていないとはいえ、必ずや忉利天《とうりてん》に生まれ変わることであろう。〔そなたは〕この者より百倍も勝れているのだ。〔ここに執着してそなたの〕心を乱してはならぬ」。〔さらに師は〕言葉を続けて、沙彌にこう言った、「この上なく旨い〔と思われる〕この飯は、〔龍の〕口に入るや、すぐさま蝦蟆《ひきがえる》になってしまう。気持ち悪くなって吐き出す、〔だが、もし〕全部吐き出してしまったりすると、もう二度と飯は喉を通らなくなってしまうのだ。第二に、その妻は、容姿の美しいことはこの上ないが、夫婦の契りを結ぼうとするときは、二人とも蛇の姿になって相交わることになるのだ。第三に、龍の背には逆鱗があって、砂や石がその中に入ると、その痛みはやがて心臓や胸にまで達する。龍にはそういう三つの苦しみがあるのだ。そなたは、どうしてそのようなものを求めようとするのだ」。沙彌は応えなかった。

〔沙彌は〕昼も夜もそのことばかりに思いを巡らせ、食事も喉を通らなくなり、病気になって死んでしまった。その魂はすぐさま生まれ変わって、龍の子となった。その並々ならぬ意思の力は実に激しいものであったわけである。〔ところで、〕その父〔である龍〕は命が尽きると、〔畜生の身を〕抜け出し、人として生まれ変わった。

　師が言った、「まだ道《さとり》を得ていない者に、道《さとり》〔の境地〕や国王の暮らしを見せてはいけなかったのだ」。

7（7）月女

昔、ある国王の夫人がひとりの女の子を産んだ。父母はその子を月女と名づけた。比類なく美しい子であった。王が衣服や珍しい宝石を与えると、〔その娘は〕いつもすぐに、「あるがままに」と言った。

〔やがて娘は〕十六歳になった。父は怒って、こう言った、「これは、わしが与えたものだぞ。〔それなのに〕お前はどうして『あるがままに』などと言えるのだ？」

その後、若者が物乞いにやって来たとき、王が、「こやつこそ誠にお前の夫だ」と言った。月女は、「あるがままに」と言って、すぐにそのあとについて去って行った。物乞いの若者は恐れて、〔娘に〕触れようとはしなかった。娘が言った、「あなたは食べ物をもらっても、お腹がいっぱいになることなんてないのに、王様があなたに妻を与えたとき、どうして断わらなかったの？」

二人はいっしょに町をあとにし、昼間は身を隠し、夜歩いて、やがて大きな国にたどり着いた。〔ちょうど〕国王が崩くなったときで、後継ぎがいなかった。夫婦が町の外ですわっていると、〔町を〕出たり入ったりする人々が尋ねて、こう言った、「お前さんたちはどういう人で、何という名で、どこの国から来なすったんだい？」〔妻が〕答えて、「あるがままに」と言った。そんなことが十日余りも続いた。

そのころ、大臣が八人の梵志《バラモン》を城門に行かせ、出入りする人々の人相を調べさせていた。これぞと思う人相をしているのは例の夫婦だけであった。そこで、国を挙げ、家臣がこぞって二人を迎え、王にした。王となった夫婦は法にのっとって国を治めたので、人々は平和を満喫した。

小国の王たちが表敬訪問にやって来たが、月女の父もそうした中にいた。飲食も終わり、すでに〔皆が〕帰国の途につこうとしていたので、月女は特に父である王を引きとめた。月女は、七宝で魚のからくりを造らせておいた。幕を開けて一匹の魚を引っ張ると、一二〇匹の魚が現われ、〔その中の〕一匹の魚を押すと扉が開くというものである。〔月女はその扉を通って〕降りていき、父に挨拶をして、こう言った、「今、〔わたしはこれを〕あるがままに手に入れました」。〔父が〕言った、「そなただからこそ、そのようになれたのだ。とうてい、わしの及ぶところではない」。

師が言った、「月女はその物乞いの若者と宿命で結ばれていたのだ。〔前世において〕二人がいっしょに畑仕事をしていたとき、夫が妻に食べ物を取りに行かせた。遠くから夫は、妻がひとりの修行者と出会って、水辺の岸の上で立ち止まっているのを見たのだ。〔その修行者は〕妻に食べ物を乞い、〔妻が〕すぐに食べ物をその道人に分け与えると、道人は立ち止まって食べた。二人の姿を遠くから見た夫は、けしからんことをしているのかも知れないと思い*、棒を手に、〔二人が何をしているのか〕見に行った。道人は飛ぶように逃げ去って行った。〔やって来た夫に〕

妻はこう言った、『あなたの分はちゃんとありますから、怒らないでくださいな』。すると夫はこう言ったのだ、『〔じゃあ、〕それを二人で分けて、いっしょに食べることにしよう』とね」。

師が言葉を続けた、「夫のほうは悪い考えを抱いたので、貧しい家の子に生まれ落ちたのだが、そのあとで道人を目にして歓びを感じ、過ちを悔いたので、同時に〔今の話のような〕福を受けたというわけだ」。

＊「思い」の原文は「不謂」だが、末尾の師の言葉の内容から「謂」と読む。

8a（8）三人の酔っ払い

昔、仏陀が大勢の比丘《びく》を引き連れて歩いていたとき、三人の酔っ払いに出会った。〔仏陀に気づくや、そのうちの〕ひとりは草むらに走りこんで逃げ、もうひとりは〔その場で〕正座し、頬を叩いて、「ああ、悪いことをした、わたしは戒律を犯してしまったのだ」と言った。最後のひとりは踊りだして、「〔別に〕仏陀の酒を飲んだわけじゃないんだから、畏れる理由なんてねえ！」と言った。

〔すると〕仏陀が阿難《アナン》に言った、「草むらに逃げ込んだ者は、弥勒《みろく》が仏陀になるときにはきっと迷いから抜け出すことだろう。正座をして頬を叩いた者は、千人の仏陀の最後の仏陀が現われるときに、きっと迷いから覚めることだろう。踊りだした者は、迷いから抜け出すことはないだろう」。

8b（9）比丘尼に生まれ変わった犬

昔、ある出家僧が、日夜、経を唱えていた。その床下に一匹の犬がいて、一心にその経に耳を傾け、〔餌を〕食べることさえ忘れていた。そんなことが何年も続き、〔とうとう〕犬は息絶えて、人に生まれ変わった。舎衛国《しゃえこく》に、女の子として生まれたのだ。

大きくなったあるとき、托鉢*している出家僧に出会った。自然に彼女は走り出し、食べ物を持って来て、歓喜に満ちた気持ちでそれを〔僧に〕捧げた。そして、そのままその出家僧に従って比丘尼《びくに》になり、修行を重ねて、ついに応真《おうしん》の境地に達した。

＊「托鉢している」の原文は「分越」だが、脚注の「分衛」によった。

9a（10）比丘への布施

昔、維衛仏《いえいぶつ》がこの世にいたとき、国中の有力者たちがそれぞれ同じ時に〔維衛〕仏と比丘たちに捧げ物をした。そのとき、貧しさゆえに仏陀に捧げる物を何ひとつ持たなかったある有力者が、こう言った、「比丘たちの中に薬がほしいという方がいらしたら、某《わたし》がすべて差し上げたいのですが」。そのとき、病に苦しんでいる比丘がいた。有力者はその比丘に甘い果物をひとつあげた。それを食べた比丘は、安らかになり、病も癒えた。

〔果物を与えた〕有力者は、その後、天寿を全うして天上に生まれ変わり、天上で五つのすぐれたものを得た。その一つ目は病気をしない体、二つ目は端正〔な容姿〕、三つ目は長寿、四つ目は豊かな財産、五つ目は知恵である。そのようにして九十一劫の間、彼は天上におり、やがて〔また〕この世に有力者として生まれても、〔地獄、餓鬼、畜生の〕三悪道に堕ちることはなかった。そうして釈迦文仏《シャーキャムニ》の世になったとき、彼はある四姓の家に生まれ、その名を多宝といった。彼は仏陀を見て歓喜し、沙門となって精進し、〔やがて〕悟りを得て応真となった。

そのように、たとえ一人でも沙門に気高く振舞うほうが、ひとつの国にいる邪《よこしま》で、世間の穢れに染まった人たち全員に〔恩恵を施すよりも〕ずっとすぐれたことなのである。

9b（11） 教えを少し理解した夫婦と比丘

昔、ある夫婦がいて、ともに五戒をよく守り、沙門に仕えていた。〔あるとき、〕新しく学び始めたばかりで、まだ経を知らない比丘が〔その夫婦の家の〕門口を訪れて、〔食べ物を〕求めた。夫婦はその道人を招き入れてすわってもらい、食事の用意をした。彼が食べ終わると、夫婦そろって地面にひれ伏して敬意を表し、こう言った、「私たちは若いときから道人にお仕えしてきたのですが、まだ一度も経を聞いたことがございません。どうか〔私たちを〕蔽っている〔無知という〕闇を振り払ってくださいませんでしょうか？」比丘は低く頭を垂れて、答えぬまま、ただ「苦しい、苦しい」と言った。〔すると、〕夫婦の心はともに晴々とし、こう言った、「世の中というものは、ほんとうに苦しいものですね」。そう言うと、二人はともに少しばかり教えを理解した。比丘も、二人が歓ぶ姿を見て、同じように少しばかり教えを理解したのだった。

師が言った、「その三人は何代にも亘って、兄弟姉妹であり続ける運命なのだ。いつも少しばかり教えを学びたいと願って、同じ道を行こうとするので、いつもそろって同じときに教えを理解することになるのだよ」。

10（12） 釜の中の金

昔、ある国王がいて、猟に出かけた帰り道、〔仏〕塔のそばを通ると塔を回り、出家僧に一礼をした。〔付き従う〕家臣たちは〔それを見て〕笑った。それに気づいた王が家臣たちにこう尋ねた、「釜の中に金があるとしよう。その釜が煮えたぎっていたら、手を突っ込んで〔金を〕取り出すことができるだろうか？」皆が答えた、「取り出すことはできません」。〔すると〕王は言った、「もし冷たい水を注いだら、〔金を〕取り出すことはできるであろうか？」家臣たちが王に言った、「〔それなら〕できます」。

〔そこで〕王は言った、「わしは王としてなすべきことをやっているのだが、〔そうした中で〕狩猟というのは、釜の中で沸騰している湯と同じようなものなのだ。香を焚き、灯りをともし、〔仏〕塔を巡るのは、冷たい水を煮えたぎる湯の中に注ぎ入れるのと同じこと。王としての務めを果たすには、善いことも悪いことも避けては通れぬ。どうして善いことをせず、悪いことばかりをしていていいというのであろう」。

11（13）出家僧と人喰い鬼との距離

昔、ある出家僧が他の国に出かけたのだが、夜に到着したために〔すでに門が閉まっていて、〕町の中に入ることができなかった。〔仕方ないので〕町の外の草むらにすわっていた。真夜中、夜叉がやって来て、僧をつかむや、「お前をむさぼり喰ってやる」と言った。すると、出家僧が言った、「〔そうすると〕お前と私とはお互い遠く離れることになるな」。鬼が言った、「どうして遠く離れることになるのだ？」出家僧が答えた、「お前が私を害すれば、私は〔帝釈天のいる〕忉利天《とうりてん》に生まれ変わることになるが、お前は地獄に落ちるしかない。そうなったら、遠く離れることになると言えないだろうか」。それを聞いた鬼は〔僧を〕放し、謝罪し、一礼をして、立ち去って行った。

12（14）七宝を埋める

昔、ある国王がいて、友人を呼びに使いの者を行かせた。友人が言った、「王様に、ちょうど今、地面に穴を掘って、七宝を埋めようとしているところなのです、と言って謝ってください」。それを聞いた王はびっくり仰天して、〔すぐに〕また、友人を呼び寄せようと使いの者をやった。彼は〔また、王にこう伝えてくれと〕言った、「今ちょうど、宝を穴の中に入れているところです」。

〔それを聞いた〕王はまたもや友人を呼びに〔使いの者を〕行かせた。彼は〔またもや、王にこう伝えてくれと〕言った、「今まさに地面を平らにしているところです。地面を平らにならし終えたら〔すぐに〕参ります」。

〔やがてやって来た友人に〕王が尋ねた、「七宝を埋めたことを人に言うなどと、そなたは何と愚かなことをしたのだ？」すると、友人が言った、「おいしいごちそうを取りそろえて、それを仏陀や比丘僧たちに召し上がっていただこうとするのは、ちょうど地面に穴を掘るのと同じことなのです。スープを入れたり、ご飯をよそったりするのは、宝を穴の中に入れるのと同じことです。〔また〕地面を掃き清めたり、お風呂の用意をして〔入っていただいたり〕、経典のお話をしていただいたりするのは、地面を平らにすることと同じことなのです。王様、そのような宝は、〔王や賊や火、水、親不孝な子供といった〕五つの禍も損なうことのできないものなのです」。〔それを聞いて〕王が言った、「それはすばらしいことだ。それを早く言ってくれないとは、あんまりではないか。わしも〔これから〕しばしば宝を埋めることにしよう」。

王はさっそく〔穀物〕倉庫を開いて、大いに施しをし、仏陀や僧たちに食事をふるまった。仏陀は〔その施しに〕応えて、神秘的な力を持つ清らかな短い祈りを〔王のために〕説いた。〔王は〕すぐに道を求めるようになった。

13（15）斎戒の功徳

昔、ある四姓に属する人がいて、仏陀を食事に招いた。そのとき、牛乳を売る男がやって来たのだが、〔四姓に属していて〕権力もあるその人は、〔牛乳売りの男を〕引き留めて食事をさせず、斎戒を勧め、経に耳を傾けるよう求めた。〔言われるままに〕客となった〔牛乳売りの〕男は、〔やがて〕帰って行った。

その妻が言った、「午前中ずっとあんたを待っていて、わたし、まだご飯を食べていないのよ」。

そう言うと、夫に食事をさせ、斎戒を守ろうとする気持ちをぶち壊してしまった。それにもかかわらず、その男は七度天上に生まれ、七度この世に生まれてきた。

師が言った、「一度斎戒するだけで、六〇万歳分の糧が得られ、さらに五つの幸せに恵まれるのだよ。その一つ目はあまり病気にかからないこと、二つ目は平穏無事に過ごせること、三つ目はふしだらな欲望をあまり抱かずに済むこと、四つ目はあまり眠らずに済むこと、五つ目は天上に生まれ変わることができて、前世で自分が何をしていたのかをいつも知ることができることだ」。

14a（16）淫らな沙門

仏陀と比丘たちが招きに応じたとき、ひとりの沙門が沙彌といっしょにあとから遅れて来た。途中ふたりは淫らな女と出会った。女は沙門〔の手〕を引っ張って行き、沙門は女と欲望を共にした。

欲望を満たすと、〔沙門は沙彌を連れて〕食事を用意してくれている家にやって来た。〔すると、〕仏陀が沙彌を呼んでこう命じた、「須彌山《しゅみせん》の麓まで行って、そこの清らかな水を汲んで来なさい」。沙彌はそのときたちまち悟りを得て、鉢を前方に投げるとそれを追いかけて行った。そして、水を汲んで、あっという間に戻って来た。〔沙彌の〕師〔である沙門〕は恥ずかしさのあまりに身を縮めて畏《かしこ》まってしまった。〔しかし、〕過ちを悔い、自分を責めたので、羅漢になることができた。

〔この沙門は淫らな〕女と前世において夫婦だったのだ。〔だから、道で会うや再び〕身ひとつになり、その罪を犯したのちに悟りを得たのである。

14b（17）正妃を救った年若い沙門

昔、阿育王は毎日、千人の羅漢に食事を提供していた。〔みんなの〕あとから年少の沙門がやって来て、千人の僧といっしょに宮殿の中に入って行った。年若い沙門は腰をおろすと、王の宮殿をくまなくじろじろと見回した。さらに王妃をもじろじろと見て、やめようとしなかった。王は〔それに〕腹を立てた。

食事が済んで各自がそれぞれに帰って行ったが、王は上座の三人を引き留めて、「あの少年はどうして来たのだ？　姓名は何と言うのだ？　誰について学んでいるのだ？　もし沙門でないのなら、どうして宮殿に入れたのだ？　正妃をじろじろと見て、その眼は休むことがなかったぞ」と尋ねた。〔三人は〕答えて言った、「あの沙門は天竺《インド》から来た者で、師の名は某、姓は某、名は某と言います。知恵に満ち、経にもよく通じています。それでやって来て、すわったり立ち上がったりしながら宮殿を見ていたのでしょう。〔天〕上の忉利天を見たことがあるということですから、〔この宮殿がそれと〕そっくりで、異なるところがないと思ったのでしょう。王様は前世において一握りの砂を仏陀の鉢の中にお入れになったことがありますが、〔その功徳たるや〕非常に大きいものだったのです。今はまたこうして毎日、千人の羅漢に食事を与えてくださっていますが、その福たるや、量り知れないものでございます。王妃さまをじろじろと見ていた理由は、一万六千人の女たちと比べてもその美しさは比べるものもないほどでありながら、これから七日のちには寿命が尽きて、地獄に落ちるからでございます。世間とは無常なもの。そういうわけで〔あの沙門は王妃さまを〕じろじろと見ていたのです」。

王は動揺し、恐怖に襲われて、妃を呼ぶと、みずから〔その運命を〕三人の僧に委ねた。〔三人の〕僧は言った、「王様が毎日私たち千人に食事の世話をしてくださっているとはいえ、その千人では王妃さまのお心を解きほぐすことはできません。ですから、あの年少の沙門に頼んで、経を説かせてください。そうすれば〔王妃さまは〕たちまちのうちに悟りを得られるでしょう」。王は、年少の沙門をもてなすよう命じた。

沙門は戻って来た。王と夫人は頭を地面につけてひれ伏し、仏門に入りますので、どうか重い罪を軽くしていただきたいと願った。沙門は夫人にその宿命を説き、自分が体験したり見たりしたことを話して聞かせ、仏陀の教えの要点を説き明かした。すると〔夫人は〕歓喜にひたり、大いに驚くとともに、すぐさま須陀洹《しゅだおん》を得た。

正妃は五百世をさかのぼった過去において、その沙門の姉だったのである。前世において、先に悟りに達したほうが、相手を導くことにしようと誓い合っていたのだ。

師が言った、「もし人にそういう宿命というものがなかったとしたら、ついに誰かに従って悟りを得るということはないであろう。また、お互いに合いまみえて語り合うということがなかったら、ついに〔相手の〕心の中に入ることはないであろう。人にはそれぞれ、〔そういう前世から〕定められた師というものがあるのだ」。

15（18） 欲深な伊利沙《イリサ》をこらしめる帝釈天

昔、ある四姓に属する人で、伊利沙という名の人がいた。汲めども尽きぬ莫大な富を持っていたが、欲深でケチん坊この上なく、贅沢な服や食事などはとんでもないと思っていた。

そのころ、近所に貧しい老人が住んでいた。〔それでも〕毎日〔何不自由なく〕食べたり飲んだりしていたし、魚も肉も欲しいだけはあったので、客が絶えることはなかった。四姓《イリサ》は思った、「おれの財産は計り知れないほどだというのに、〔どうも〕おれはあの爺《じじい》に及ばない〔ようだ〕」。

そこで〔伊利沙は〕鶏を一羽潰し、白米一升を炊いて、それを馬車に積むと、人の住んでいない所に行った。そこで馬車から下りて、さて食べようとしたところへ、天帝釈が犬に姿を変えてやって来た。〔彼を〕頭の天辺から爪先まで見ると、犬は〔食べ物をくれないかと〕頼んだ。〔伊利沙は犬に言った、〕「脚を縛られた状態で空中にさかさまにぶら下がることができないのなら、〔何も〕やらんが〔それでいいか〕」。すると、犬は空中にさかさまにぶら下がったではないか。〔それを見た〕四姓《イリサ》は天〔の意図〕に思いを巡らせ、いったいどうしてこんなことが起こるのかと恐怖にかられた。〔それでも、勇気を振り絞って、また〕言った、「お前の眼が地面に抜け落ちたら、お前に〔食べ物を〕やるが、どうだ」。すると、〔すぐさま〕犬の両眼が地面に抜け落ちた。たまらず四姓《イリサ》は〔馬車を打ち捨てて、ほうほうの態で〕逃げ出した。

〔すると、〕天帝は四姓《イリサ》に化け、姿かたちも声も〔そっくりにして〕、馬車に乗り、〔伊利沙の〕家に戻った。〔そして、〕もし他の男が来て、おれは四姓《イリサ》だと詐称したら、追い払って、鞭で叩きのめしてやれ、と〔召使いたちに〕命じた。

〔本物の〕四姓《イリサ》は夜遅くなって帰って来た。門番が口汚くののしって彼を追い払う。天帝は〔伊利沙の〕財産を残らず奪って、布施してしまう。四姓《イリサ》は二度と家に帰ることができなかった。財産をすべて失ったことで〔ついに〕発狂してしまった。

〔すると、〕天帝は一人の男に姿を変えて、〔伊利沙に〕こう尋ねた、「どうしてそんなに愁えているんだね？」〔伊利沙が〕言った、「おれの財産がみんななくなってしまったんだ」。〔すると、〕天帝が言った、「財宝を持っていると悩みも多いものさ。〔王や賊や火、水、親不孝な子供といった〕五つの禍が思いもかけないときに突然襲ってくるし、財産を積んでも、食わず施さずじゃ、死んだときに餓鬼に生まれ変わって、着るものにも食うものにも事欠くようになるだけさ。もしそこから抜け出せて、人に生まれ変わったとしても、いつも賤しい身分と決まっているしね。財産があるのにケチケチして、ろくに食いもしないで、いったい何がしたいんだ？」

〔そう言うと〕天帝は〔伊利沙の〕ために〔神聖な真理である〕四諦《したい》と、〔この世の〕苦しみ、空しさを説き、今ある肉体は実在のものではないのだということを教えた。四姓《イリサ》は〔その教えを〕理解し、大喜びした。〔それを見て〕天帝は去って行った。四姓《イリサ》は〔正気に〕戻ることができ、それまでの考え方を悔い改めて、施しをしたり、心を尽くして分け与えたりしたので、〔天帝の〕道《おしえ》を悟ることができた。

16（19） 妻と王妃の不貞

昔、ある権力者の家に端正な息子がいた。〔その息子が〕金で女の像を作って父母にこう言った、「もしこの像のような女の人がいたら結婚します」。その頃、別の国にも端正な娘がいて、同じように金で男の像を作って父母に言った、「もしこの像のような人がいたら、わたし、お嫁に行くことにするわ」。それぞれの両親はそれを聞いて、それももっともだと思った。〔息子のほうの親がわが子と同じような娘がいることを知って、〕そこで、遠方ではあったけれど、娘さんを嫁にもらい受けたいと申し込んで、二人を夫婦にした。

その頃、ある国を治めていた王が、鏡を手にとって自分の姿を映しながら、群臣たちにこう言った、「天下広しといえど、わしのような美男子はおるまいと思うが、どうじゃ」。〔すると、家臣のひとりが〕答えて言った、「さる国に比べようもないほどに端正な男がいると聞いたことがあります」。〔王はすぐさま〕その者を連れてくるようにと遣いを出した。

使者は〔若者のもとに〕やって来ると、王の言葉を伝えて言った、「王様が賢者であるあなたにお会いしたいとのことです」。〔若者は〕すぐに厳かに馬車の用意をして出発した。〔途中、若者は〕こう考えた、「王様はおれが聡明だという理由で、おれをお呼びになったんだ」。それで若者は、妖術の本を取りに戻った。そこで若者が目にしたのは、客と同衾している妻の姿であった。悲しみに打ちひしがれ、動揺し、挙句の果てにひどく腹が立ってきて、その端正な顔は衰え、やつれてしまい、実に不気味で醜くなってしまった。

〔王宮に到着した若者の〕やつれ果てた姿を見た大臣は、でこぼこ道に揺られてきたひどい旅のせいでこんなふうになってしまったのであろうと思い、馬小屋にくつろげる場所を作って、ひとまず〔若者を〕そこで休ませることにした。

夜中、若者はその馬小屋で王の正妃が馬丁と通じるのを目にした。若者はおのずから心に悟ることがあった。「王妃だってこうなんだから、おれの女房が〔不貞を働いたからといって〕嘆いてみても始まらないな」。そう思うと若者の容姿はまた元のように戻った。

かくして若者は王と会った。王が言った、「どうして三日も〔宮廷の〕外に留め置かれたのだ？」若者は答えて言った、「お迎えに従って家を出たのですが、途中、忘れ物をしたことに気がついて、それを取りに引き返したところ、妻が客と通じているのをこの目で見てしまったのです。ひどく腹が立ち、惨めな思いと怒りのせいで、この容貌がすっかり衰え果ててしまったのです。それで馬小屋で三日間を過ごしていたのですが、昨晩、お妃さまが馬小屋にやって来て、馬丁と寝るのを見て、お妃さまでさえこういうことをするのなら、ほかの女が同じことをしても当たり前のことなのだと思い、そう思ったら容貌がまた元通りに戻ったのです」。すると王が言った、「妃がそうなのであれば、普通の女が〔同じ事をしても〕それは当然のことじゃな」。

そういうわけで〔王と若者の〕二人は山に入り、鬚と髪を剃り落として出家してしまった。女といっしょに何かをすることはとてもできない、と思ったのである。〔二人は〕怠らず精進して、ともに〔誰の助けも借りず〕独りで悟りを開いた。

17〔20〕鳥に育てられた娘

昔、ある婦人が女の子を産んだ。比べようもないほどにかわいい子であった。

その子が三歳になったとき、国王がその子を引き取り、養育することにした。〔王は〕道人を呼んで、ゆくゆくは〔この娘を〕妃にしたいのだが、どうだろうか、と占いをさせた。すると道人が言った、「この子にはすでに夫がおります。王様は必ずやその者に先を越されてしまうことでございましょう」。〔すると王は、〕「では、この子を隠してしまうことにしよう」と言った。

そして、大白鳥を呼び寄せて、「そなたが住んでいるところはどこだ？」〔と尋ねた。白鳥が〕王に言った、「大きな山の中腹にある樹〔の上〕です。人でも獣でも、訪れるものはありません。下には〔川がありますが、〕渦巻いているので、船が通ることもありません」。すると、王が言った、「この子を預けるから育ててほしいのだ」。

〔大白鳥はその子を〕つかみ、飛び去って行った。そして、来る日も来る日も王のもとに通い、食べ物を持ち帰っては、娘に食べさせていた。こうして久しい年月が流れ去った。

〔ところで、白鳥の住む〕山の頂きのほうに村落がひとつあり、それが〔あるとき〕洪水に流されてしまった。木が一本、水にもまれながら、川を流れ下ってきた。下流のほうで流されていた男が、その木に〔うまく〕しがみついたものの、そのまま渦巻きに巻き込まれて、抜け出せなくなってしまった。しかしついに、その木は跳ね上げられ、山すそに流れ着いた。〔しがみついていた〕男は大白鳥の巣のある樹に登っていって、娘を抱いた。娘は男を隠した。

〔ところで〕大白鳥は、毎日、娘を持ち上げてはその重さを測っていた。娘はすでに子供を身ごもっていた。身ごもっていない女は軽い。大白鳥は、娘が重いことに気づいた。あたりを探して男を見つけ出し、つまみあげて外に放り出した。〔そして、〕事の次第を王に伝えた。〔すると〕王が言った、「道人の人を見る目は確かだったというわけだな」。

師が言った、「人には夫婦になると定められている相手がいるのだ。そういう相手と出会ったら、愛し合わずにはいられないのだ。〔人間に限ったことではない、〕生き物とはすべてそういうものなのだ」。

18（21） 壺の中の女

昔、女性に厳格な王がいた。正妃が太子に言った、「わたしはあなたの母だというのに、これまで王国を見たことがない。〔だから〕一度は外に出てみたい。〔そのことを〕王に話してみてはくれぬか？」そういうことが三度に及んだので、太子が王に言うと、王はすぐに聞き入れてくれた。

太子が自ら馬車を御した。大勢の家臣たちが道に出てきて夫人を迎え、挨拶をした。夫人は手を出して帳《とばり》を押し開け、自分の顔が〔みんなから〕見えるようにした。女とはこういうものなのかと思った太子は、腹が痛いと嘘をついて馬車を戻した。夫人が言った、「〔途中で引き返してしまうだなんて〕とんだ赤っ恥をかかされたもんだわ」。

太子は、「母でさえこんなふうなのだから、他の女たちは何をかいわんやだな」と思い、その夜遅く、国を出て山中に分け入り、あたりを見て歩いた。道端に樹があり、そのそばに澄んだ泉があった。太子がその樹に登ると、そこへひとりの梵志《バラモン》がやって来て、泉で沐浴をし、それが済むと食事をした。それから魔術を使って、壺をひとつ吐き出した。その壺の中には女がいた。〔女と〕いっしょにその場に衝立を巡らせて部屋のようなものを作ると、やがて梵志《バラモン》は寝入ってしまった。すると〔今度は〕女が魔術を使って壺をひとつ吐き出したではないか。壺の中には年若い男がいて、女はまたその男と寝ると、再び壺を呑み込んだ。しばらくすると梵志《バラモン》が目を覚まし、女を壺に入れて、それを呑み込み、杖を手にして立ち去って行った。

太子が国に戻って、王にその話をすると、〔王は〕その道人《バラモン》と連れの者たちを招き、三人分の食事を用意させて、〔道人《バラモン》がすわるところに〕置いた。やって来た梵志《バラモン》は、「わしはひとりなんじゃが」と言った。そこで太子が言った、「女の人を出して、いっしょに召し上がってください」。〔そう言われてしまっては〕道人《バラモン》は女を出さないわけにはいかなかった。すると太子がその女に言った、「男の人を出して、いっしょに食べてください」。それを三回くり返して言ったので、〔女も〕男を出さないわけにはいかなくなり、いっしょに食べてから立ち去った。

王が太子に尋ねた、「そなたはどうして分かったのだ？」〔太子が〕答えて言った、「母が国を見たいと言い出して、私が御者を務めたとき、母が手を出して、自分の顔を人々に見せたのです。女というものは欲が強いものなのだなと思った私は、お腹が痛いと嘘をついて戻ったあと、山に入ったのです。そこであの、腹の中に女を隠していた道人《バラモン》に会ったのですが、その女というのがまた姦婦だったわけです。つまり、女というものは、情欲を絶ち切ることができないものなのですから、王様、どうか宮中の女たちを解き放って、好きなようにさせてください」。そこで王は後宮の女たちに、望むままにどこへでも行くがよいと申し渡した。

師が言った、「この世で女というものは信用できないものなのだ」。

19（22）　わずかな手掛かりからの推理

昔、師について道を学んでいた二人の男が、ともに異国への旅に出た。途中で、象の歩いた跡を見つけた。すると一人がこう言った、「この母象はお腹に雌の仔象を宿していて、片方の目が見えない。象の上には、女の子を妊娠している女の人が乗っている」。〔すると〕もう一人が言った、「どうしてそんなことが分かるのだ？」〔最初の男が〕答えた、「いろいろ考え合わせれば分かるのさ。ぼくの言うことが信じられないのなら、先を急ごう、そうすれば分かるから」。

二人が象に追いつくと、果たしてすべてが彼の言った通りであった。しばらくすると象も女の人も子供を産んだのだ。とにかく相手の言った通りであったので、もう一人の男はこう思った、「おれも〔同じ〕師について学んだのに、おれには肝腎なことが何ひとつ見えていないというわけだ」。

しばらくして帰国すると、彼は師にこう言った、「私たちは二人で旅をしました。〔いっしょに行った〕人は、象が通った跡を見て、いくつかの大事なことを見抜いたのですが、私には何も分かりませんでした。先生、どうかまた〔私に〕教えてください。私は、物の見方が偏っているのでしょうか？」

そこで師は、〔いっしょに行った〕もう一人を呼んで、尋ねてみた、「どうしてそうだということが分かったのかね？」彼は答えて言った、「先生がいつも教えてくださっていたこと〔に従った〕だけです。象が小便をした所を見て、それが雌の象だと分かったのです。〔さらに、〕右の足跡が深く地面にめり込んでいるのを見て、雌の仔象を妊娠していることが分かりました。それに、道の右側の草には見向きもしていなかったので、右目が見えないということが分かったのです。象が立ち止まったところに〔別の〕小便のあとがあったので、〔象に乗っていたのは〕女の人だということが分かったのです。その右の足跡のほうが地面に深く残っていたので、女の子を妊娠していることが分かりました。そういうわずかな手がかりをあれこれと考え合わせて、そう思い至ったのです」。

するとと師が言った、「学問というものは、あれこれ考えて何かに思い至らなければならないものだ。わずかな手がかりを心にとめて、そこに到達しなければならない。何でも簡単に済ませてしまおうとする者は、そこに至ることはできないのだ。私〔の教え方〕が間違っていたわけではない」。

20（23） 持ち逃げされた女と狐

昔、ある大金持ちの女がいて、ある男と通じていた。女はその金銀すべてと衣服を持って、男と駆け落ちをした。流れの急な川のところに来ると、男が言った、「お前が持って来たものを、おれが先に向こう岸に運んでやろう。そのあとお前を迎えに戻って来てやるよ」。〔そう言ったのだが〕男は〔金も服も持って〕逃げ去り、戻っては来なかった。

ひとり川岸を行ったり来たりしていた女は、鷹を捕えてくわえていた狐が、魚を取ろうとして〔鷹を〕口から放したのを見た。〔狐は〕魚を取ることもできず、鷹も失ってしまった。女が狐に言った、「お前は何て馬鹿なんだ！　両方とも捕まえようとしたら、どちらも手に入らない〔のは分かり切っている〕だろうに」。〔すると〕狐が言い返した、「おれの馬鹿さ加減はまだいいほうさ。お前の愚かさときたら、おれよりもずっとひどいじゃないか」。

21（24） 雄羊の忠告——動物の言葉

昔、龍王の娘が〔人間界に〕遊びに出たのはいいが、牛を放牧している男に捕まってしまい、縛られて、棒でさんざんに叩かれた。〔たまたま〕国王が外を出歩いていて、〔叩かれている〕娘に気づき、娘を解放して、立ち去らせてやった。

龍王が〔戻ってきた〕娘に尋ねた、「どうしてそんなに泣いているのだ？」娘が言った、「何も悪いことをしていないのに王さまに叩かれたの」。龍王は言った、「あの王はいつもは人を思いやり慈しむ人なのに、なぜ道理にはずれて人を叩いたりしたのだろう」。

龍王は、その夜、姿を蛇に変えると、〔王宮の〕床下にもぐり込んで、王の言うことに耳をそばだてた。王がお妃にこう言ってい〔るのが聞こえ〕た、「〔今日〕外出したとき、娘が牛を放牧している男に叩かれているのを見たんだ。〔だから〕解き放って立ち去らせてやったのだ」。

〔それを聞いた〕龍王は、翌日、人の姿をしてやって来て王と会い、王にこう言った、「王様には大恩があります。私には娘がいるのですが、きのう外出したおりに男に叩かれたのです。王様が通りかかり、その娘を解き放ってくださったそうです。私は実は龍王なのです。お望みのものがあれば、〔何なりと〕差し上げましょう」。王が言った、「財宝はたくさんあるので、獣たちの言葉が分かるようになるといいのですが」。〔すると〕龍王が言った、「七日間、身を清めてください。その七日〔間の清め〕が終わったら、私のところに来て、そう言ってください。くれぐれも〔このことを〕他の人に知られないようにしてください」。

そういうことがあって〔しばらくのちのこと〕、王はお妃といっしょに食事をしていた。雌の蛾が雄の蛾に、食べ物を取ってちょうだい、と言っているのが聞こえた。雄は、自分で取れよ、と答える。すると雌が、お腹の具合が悪いのよ、と言った。王は〔思わず〕笑ってしまった。〔するとそれを見咎めた〕お妃が言った、「王さま、なぜ笑ったのですか？」王は黙っていた。

その後、お妃といっしょにすわっていたとき、王は、壁の縁のところで出くわした二匹の蛾が喧嘩を始めて二匹とも地面に落ちるのを見た。王はまた〔思わず〕笑ってしまった。〔すると〕お妃が言った、「どうして笑っているんですか？」

そういうことが三度あったのだが、〔そのたびに王は、〕「理由《わけ》は言えないのだ」と言った。〔すると〕お妃が言った、「王さまが話してくださらないのなら、わたしは自殺してしまいますわ」。王が言った、「ちょっと出かけてくるから、戻って来てそなたに話すまで待っていてくれ」。〔そう言い残して〕王は外出した。

〔事情を察した〕龍王が数百頭の羊の群を作り出し、川を渡らせた。〔その群の中に〕子供をはらんだ雌羊がいて、〔先に渡ってしまった〕雄羊にこう叫んだ、「わたしを迎えに戻って来てよ！」〔すると〕雄羊が言った、「おれも疲れているからお前を渡してやることはできない」。雌羊が言った、「あんたが渡してくれないと言うのなら、わたし、自殺してしまうわよ。あんたは、王さまがお妃さまのために命を投げ出そうとしているのを知らないの？」雄羊が言った、「あの王は馬鹿だからお妃のために死のうとしているのさ。死ぬるのなら死んでみろ、このおれに、ほかに雌羊がいないとでも言うのか？」王はそれを聞いてこう思った、「私は一国の王だ。それなのに羊の智恵にも及ばなかったということか」。

王が戻るとお妃が言った、「王さま、説明してくださらないのなら、自殺してしまいますわよ」。〔そこで雄羊にならって〕王が言った、「そなたが自殺するというのなら、〔それはそれで〕結構なことだ。宮中には女がたくさんいるから、そなたがいなくなっても別に困りはしない」。

師が言った、「愚かな男は、女の欲に翻弄されて、命を落としてしまうものなのだ」。

22（25）買った禍

昔、ある国があり、五穀はよく実り、人々は安心して暮らしていた。病気もなく、昼も夜も、何の憂いもなく歌ったり踊ったりしていた。〔あるとき、〕王が大臣たちに尋ねた、「世の中には禍というものがあると聞いたことがあるのだが、いったいそれはどういうものなのだ？」〔大臣たちは〕答えた、「私どもも見たことはございません」。そこで王は、それを買うために大臣をひとり、隣国に行かせた。

天神がひとりの人間を作り出し、その男を市場にすわらせて、鉄の鎖できつく縛り上げた猪のような姿をした〔禍〕を売らせた。〔それを見た〕大臣が尋ねた、「これは何という名なのかね？」すると、「禍の母といいます」という答が返ってきた。「いくらで売ってくれるかね？」「一千万です」。大臣はそれをまじまじと見てから、また尋ねた、「これはどんなものを食うのかね？」「毎日、一升分の針を食います」。

そこで〔それを買った〕大臣は〔国に帰ると〕家々を回って針を集めた。そういうわけで、やがて人々もそれぞれに針を求めるようになった。〔ついには〕各地の郡や県の至る所で大混乱が生じ、禍はますますひどくなり、手の施しようもないありさまになっていった。

〔見かねた〕大臣が王に言った、「あの禍の母は国民を混乱に陥らせ、男も女も職を失うに至っています。やつを殺して捨て去ってしまいたいのですが」。王は、「ぜひそうしてくれ」と言った。

そこで、〔禍の母を〕城外に連れ出し、刺し殺そうとしたが刺し貫くこともできず、断ち斬ろうとしたが傷ひとつつかず、棒で叩いても死ななかった。〔そこで今度は〕薪を積み上げて焼き殺そうとしたが、身体が火のように真っ赤になったかと思うと、走り出し、村に入っては村を焼き尽くし、市場に行っては市場を灰にし、城に入っては城を炎上させてしまった。こうして国中を走り回っては各地を大混乱に陥れ、人々は飢餓に苦しむ羽目になった。

安穏な暮らしに飽きて〔わざわざ〕禍を買ったりするから、そのようなことになったのである。

23（26）山火事を消す鸚鵡《おうむ》

昔、一羽の鸚鵡が他の山に飛んでいき、そこに〔しばらく〕滞在したことがあった。その山にはいろいろな鳥や獣がいたが、互いに尊重して慈しみ合い、相手を傷つけるようなことはしなかった。鸚鵡は思った、「〔ここがものすごくいいところだと〕しても、ずっとここに居続けるわけにはいかない。どうしても帰らなければならないから、立ち去ることにしよう」。

〔鸚鵡が〕帰ってから数ヶ月が経ったときのこと、その大きな山から火が出て、あたり一面が炎に包まれてしまった。遥か彼方からそれを見た鸚鵡は、水に飛び込み、羽に水を含ませては空中に飛び上がり、羽の間にたまった水を振りかけては、その大火事を消そうとした。そんなふうに何回も往復していた。

〔それを見た〕天神が言った、「これ、鸚鵡よ！　お前は何と馬鹿なことをやっているのだ。千里四方の大火事を、お前の羽に含んだ水なんかで消せるとでも思っているのか」。すると、鸚鵡が言った、「消せないということは、よく分かっています。私はこの山でお世話になったことがあるのです。この山にはたくさんの鳥や獣たちがいます。みんな、相手を思いやる優しい心の持ち主で、兄弟としてつき合っているのです。〔だから〕私はこの〔火事を〕見過ごすわけにはいかないのです」。

天神はその気高い思いに心を動かされ、すぐさま雨を降らせて、火を消してやった。

24（27） 道端の大金を巡る殺し合い

仏陀が比丘たちと歩いていたとき、道を避けて草むらの中に入っていった。阿難が仏陀に尋ねた、「どうして道をそれて草むらの中を行くのですか？」仏陀が言った、「この先に賊がいるのだ。うしろから来る三人の梵志《バラモン》が、その賊の手に落ちてしまうのだよ」。

あとからやって来たその三人は、道端に大金があるのを見つけて立ち止まり、それを拾った。ひとりが村に戻って食べ物を買ってくることになったが、その男は、毒を食べ物に入れて、他の二人を殺してしまおうと考えた。「おれがあの金を独り占めにしてやるのだ」。〔あとに残った〕二人も同じことを考え、戻って来た男を二人して殺してしまった。そのあと〔男が買ってきた〕毒入りの飯を食べて、二人とも死んでしまった。

三人ともそれぞれに悪意を抱き、敵になり味方になって、こうして互いに殺し合ったのである。

25（28）偽りの誓い

昔、ある四姓に属する人がいて、奥さんを閉じ込めて誰にも会わせないようにしていた。奥さんは女の召使いに地下道を掘らせ、銀細工師と逢引きをしていた。夫はしばらくしてからそれに気づいたが、奥さんはこう言った、「金輪際そんなことはしていないわ。でたらめなことは言わないでちょうだい」。すると夫が言った、「お前を御神木のところに連れて行くが、いいか」。奥さんは、「いいわよ」と言った。

二人は七日間部屋にこもって身を清めたが、〔その間奥さんは〕ひそかに銀細工師の男に、「*あなたはこうしてちょうだい。気が触れた振りをして、市場で会う人みんなに抱きついて、〔わたしを〕引き倒すのよ」と伝えた。

清めを終えた夫は妻を連れて出かけた。奥さんが言った、「わたし、市場を見たことがないから、市場を通って連れて行ってちょうだい」。〔市場を歩いていると〕銀細工師の男が奥さんに抱きついて、その場に押し倒した。奥さんは夫に向かって叫んで言った、「どうしてこの人に抱きつかせたままにしておくのよ」。夫は、「そいつは頭がおかしいんだ」と言った。〔やがて〕夫婦そろって神所に着くと、奥さんはこう言った、「わたしは生まれてからこの方、悪いことは何もしていません。ただ、あの頭のおかしな人に抱きつかれただけです」。こうして奥さんは事なきを得、夫は黙って恥じ入るばかりであった。

女の姦計とはまさにこうしたものである。

＊「あなたはこうしてちょうだい」の原文は「汝當云何」。直訳は「あなたはこう言ってちょうだい」。

26（29）最も立派に振舞ったのは誰か？

昔、ある女が〔結婚式を挙げるために〕夫のもとへ行くことになった。〔まず〕女たちが付き添って送っていき、二階〔のテラス〕で飲んだり食べたりして、みんなで楽しんだ。〔そのとき〕みかんがひとつ地面に落ちた。それを見た女たちが、「下に下りてあのみかんを取ってきた人に、飲み物や食べ物を作ってあげるわ」。〔すると〕ほかならぬ新婦が下に下りていった。若者がみかんを拾って立ち去っていくのが見えた。そこで女は若者に言った、「そのみかんを渡してちょうだい」。すると若者が言った、「床入りのときになったら、先におれのところにおいで。〔約束してくれたら〕みかんを返してやる。さもなきゃ返さないよ」。女が承知すると、若者はみかんを返した。

女がみかんを持ち帰ると、みんなが彼女に飲み物や食べ物を作ってやった。

やがて女はみんなに送られて、夫〔の待つ寝所へ〕行った。女は言った、「わたし、破ることのできない誓いをしてしまったんです。先に、ある若者のところに行かせてください。戻ってきたら、あなたの妻になります」。夫は彼女を行かせた。

街を出るや、泥棒に出くわしてしまった。女は泥棒に、「わたしには大切な誓いがあって、それを果たさなければならないのです」と言って、哀れみを請うた。泥棒は〔女を〕放してやった。

さらに先に進んでいくと、〔今度は〕食人鬼に出会ってしまった。女は頭を地面にこすりつけて、「どうか誓いを果たさせてください」と懇願した。鬼もまた女を放してやった。

〔こうしてやっと女は〕若者の家にたどり着いた。女を中に入れ、すわらせたが、若者は女を犯すようなことはせず、飲み物や食べ物を用意してやったうえ、小さな金の塊を与えて、女を送り返した。

師が言った、「そういうわけだから、夫も泥棒も鬼も若者も、四人ともみんなそれぞれに立派に振舞ったと言える。それはそうなのだが、その善意のあり方はいろいろだ。夫がいちばん立派に振舞ったと言う者もいる。〔夫たる者、〕どうしても妻を守らなければならない〔のに、行かせてやった〕からだ。泥棒がいちばん立派だったと言う者もいる。〔泥棒にとっては何よりも〕金品が目当て〔なのに、何も奪わずに放してやった〕からだ。鬼がいちばん勝れていると言う者もいる。〔鬼にとっては人間を〕喰らうことこそ肝腎なこと〔なのに、喰わずにそのまま行かせてやった〕からだ。若者がいちばん立派に振舞ったと言う者もいる。〔よくぞ自分の欲望を〕抑え〔て、女を帰してやっ〕たというのが〔その理由だ〕」。

27a（30）戻ってきた指環

昔、ある婦人がいて、いつも、「わたしはね、物をなくすということがないのよ」と言っていた。

〔ある日のこと、〕子供が母親の指から指環を抜き取り、それを川に投げ込んでしまってから戻ってくると、母親に、「金の指環はどこにあるの？」と尋ねた。母親は言った、「わたしは物をなくしたことはないのよ」。

それからしばらくのちのこと、母親は目連《モクレン》と阿那律《アナリツ》と大迦葉《カショウ》〔の三人〕を食事に招いた。ちょうど魚を手に入れなければならなかったので、魚を買いに召使いを市場に行かせた。〔召使いが〕帰ってくると、〔母親がその魚を〕調理した。するとその腹の中から金の指環が出てきたのだ。母親が子供に言った、「〔ほらね、〕わたしは物をなくすということがないでしょ！」

大喜びした子供は仏陀のところへ行き、「どうしてぼくのお母さんは物をなくさないという福に恵まれているのですか？」と尋ねた。すると仏陀が言った、「昔、暗くて寒い北の方に住んでいる仙人がいたのだよ。冬になるとみんな山の南の方に移ることにしていた。あるとき、身寄りのない年老いたお婆さんがいてね、貧しかったので〔移り住む土地がなくて、みんなといっしょに〕行くことができなかったのだ。それで独りだけ居残って、みんなのために〔その持ち物を〕片付けたり、しまっておいたりしてやっていた。春になってまたみんなが戻ってくると、お婆さんは〔そうやって守っていた物を〕ひとつひとつ全部、もとの持ち主に返してやったのだ。みんなはとても喜んだのだよ」。

仏陀は言葉を続けた、「そのときの身寄りのないお婆さんというのが、〔今の〕君のお母さんなのだ。前世でみんなの持ち物を守ってやっていたので、〔今、〕物をなくさないという福に恵まれることになったのだよ」。

27b（31）小さな泥の住まいの功徳

昔、ある四姓に属する人の家に男の子がいて、離越《リオツ》〔という名の僧〕のために、その身体ひとつが入るだけの小さな住まいを作ってやった。さらに、疲れたときに静かに歩ける場所も作ってやった。

それから何年も経って寿命が尽きると、その子は〔帝釈天のいる〕忉利天《とうりてん》に生まれ変わった。そこで彼は周囲四千里にも及ぶすばらしい屋敷をもらった。したいことは何でも自由に楽しむことができる。彼は大きな喜びを感じながら、天の花を手に取ると、それを離越の住まいの屋根に撒いた。天〔の上から彼〕は言った、「私は小さな泥の住まいを作って差し上げただけなのに、こうして〔天上で〕すばらしい屋敷をもらいました。そうした恩を思うからこそ、花を撒きに来たのです」。

28（32） 悟りの機縁は人さまざま

昔、三人の道人《どうじん》が、「あなたはどんなふうにして悟りを得たのですか？」と互いに尋ね合った。

〔ひとりが〕言った、「ある王国にいたとき、葡萄がたわわに実っているのを見たのですが、夕方に人がやって来て、枝を折ったり、実を取ったりしたのです。〔それも〕一粒残らず地面にぶちまけて踏み潰していったのですよ。それを見て無常を感じましてね、それがきっかけで悟りを得たのです」。

二人目が言った、「私は、水辺にすわっていたとき、ある婦人がたらいを洗っているのを目にしたのです。手を動かすたびに腕輪が〔たらいに〕ぶつかるのです。〔ああ、腕輪とたらいがぶつかるという〕縁があって音がするのだなと思い至って、それがきっかけで悟りを得たのです」。

〔最後の〕ひとりが言った、「私は蓮の花が咲いている水辺にすわっていたのです。それはそれは見事に咲き誇っていましたよ。〔ところが〕夕方ごろに、数十台の馬車がやって来たかと思うと、人も馬も水の中に入って、その花をひとつ残らずもぎ取ってしまったのです。〔ああ、〕この世のものはすべて無常なのだなと知って、悟りを得たのですよ」。

29（33） 真昼に松明をかざす梵志

昔、ひとりの梵志《バラモン》がいた。非常にすぐれた学識を備えており、反駁したり論議したりするのが好きであったが、根も葉もないことを言ったり、正しいことを批判して自分に都合のいいように論じたり、ありもしないことをあるようにみせかけたり、奇妙なことを引き合いに出しては自己弁護をしたりしていた。まともにその人に対抗できる人がひとりもいなかったので、諸国〔の人々〕はついにその人を師と仰ぐようになった。

やがて〔彼は〕舎衛国《しゃえこく》に現われ、真っ昼間、松明《たいまつ》に火を点して歩いた。人々が彼に尋ねた、「どうしてそんなことをしているんですか？」〔彼は〕言った、「この国は暗くて明かりもないので、こうして火を燃やしているのです」。国王はそれを聞くと、大いに恥じた。そして、太鼓を城門の下に懸け、物事の道理がよく分かっていて、その者を打ち負かすことのできる者はいないものかと、探し求めた。

ちょうどそのとき、ひとりの沙門がいて、〔舎衛〕国に入るや、どうしてこんなものが〔懸けられて〕いるのかと尋ねた。返事はこうであった、「王さまが、梵志《バラモン》に恥をかかされたので、道理の分かった人がいれば、この太鼓を叩いてほしい、ということなんですよ」。沙門は足を上げて、それを蹴った。〔その音を聞いた〕王は大いに歓び、すぐにその沙門と〔例の〕梵志《バラモン》を王宮に招いて、食事でもてなした。

沙門が王に言った、「大変にすばらしい方ですね、この梵志《バラモン》は。〔しかし、〕物事の本質を知り、道理に通じてこそ、真に道人《バラモン》と言えるのではないでしょうか。〔ところで、この人は〕召使いでも雑兵でも死体運搬人でもない〔のに、真っ昼間にどうして、そういう人たちの真似をして松明などを掲げているのでしょう〕」。梵志《バラモン》は〔言葉に詰まって〕黙りこくったまま、何の返事もできなかった。

〔それを見た人々は喜びのあまり、〕小躍りしたり、歌を歌ったりし、梵志《バラモン》を捕えて、糞を拾い集めるときに使う箕《み》に乗せて、国から追い出してしまった。その経緯《いきさつ》を人々は次から次へと語り伝えていった。

30（34） 化粧をする沙門

昔、ある沙門がいた。食事を済ませて食器を片付けると、顔をきれいに化粧し、衣服を整え、あたりを見回した。〔それを見た〕阿難が仏陀に言った、「あの比丘は法を犯しています」。〔すると、〕仏陀が言った、「あの人は〔前世が〕女であったのだよ。〔だから〕上辺をつくろう習慣がまだ残っていて、完全には尽きていないのだ」。

〔それを聞いた〕比丘はすぐに煩悩を脱して悟りに達し、完全な涅槃に入ってこの世を去って行った。

31（35）　一粒の種

昔、舎衛《しゃえ》城《じょう》の郊外に、ある夫婦がいた。〔妻は五つの〕戒律を守っている在俗の信者であった。仏陀がその家の門口を訪れて施しを求めると、婦人は食べ物をその鉢の中に入れ、下がって一礼をした。〔すると、〕仏陀が言った、「ひとつの種を蒔けば十の種が生まれ、十の種を蒔けば百の種が生まれ、百の種を蒔けば千の種が生まれます。そのようにして万にも億にもなるのです。そのときになれば、あなたはきっと〔私の〕教えを悟ることができるでしょう」。

〔ところが、〕夫のほうはそのような仏陀の教えを信じることができなかった。〔ちょうどそのとき帰ってきた夫は、〕黙ったまま〔妻の〕うしろに来て仏陀の言うことを耳にし、こう言った、「瞿雲《クドン》さん、どうしてあなたはそんな大袈裟なことを言うんですか？　一鉢の食べ物を施せば幸せになれるし、教えをはっきりと理解することができるだなんて！」仏陀が言った、「あなたはどこからいらしたんですか？」夫が答えた、「町から来たんですよ」。仏陀が言った、「あなたは、〔町にある〕尼拘類《ニグローダ》の樹はどのくらいの高さだと思いますか？」夫は答えた、「四〇里くらいでしょうかね。毎年、数万斛《こく》の実が落ちてきますよ」。「その核《たね》の大きさは芥子《からし》くらいなのですか？」夫が答えた、「〔ええ、〕ほんとうに小さいものですよ」。仏陀が言った、「〔その大きな樹にするには、核《たね》は〕一升ほど必要なのですか？」夫が答えた、「〔いいえ、〕一粒あればいいんです」。〔すると、〕仏陀が言った、「あなたのおっしゃっていることは大袈裟にすぎませんか？　芥子〔のような大きさの〕核《たね》を一粒蒔けば、四〇里もの高さになって、毎年数十万の実をつけるとは！」夫が答えた、「ほんとうのことですよ」。〔すると、〕仏陀が言った、「大地は自分が持っている力を知りません。〔それと同じように、〕一鉢の食べ物を仏陀に施すことは何という歓びでしょう。〔そのことから受ける〕幸せは計り知れないものになるのです」。

〔その言葉に〕夫婦の心は開け、わだかまりもなくなって、すぐに須陀洹《しゅだおん》の境地を得た。

32（36） 屠殺を生業としていた男の報い

昔、本能的な欲望を克服する境地にまで達したひとりの沙門がおり、山上で草木を煮て、衣服を染めていた。

あるとき、いなくなった牛をあちこち探し回っている男がいた。山上に煙が立っているのを見つけた男は、そこにやって来て、釜の中をのぞき込んだ。中には牛の骨がたくさんあった。〔そばに置いてある〕鉢は牛の頭骨に変じている。〔沙門の着ている〕袈裟は牛皮だ。〔腹を立てた〕男は〔牛の〕骨を〔沙門の〕頭に結び付けて、〔沙門を〕国中あちこち連れ回した。大勢の人がそれを見ようと集まって来た。

〔沙門の弟子である〕沙彌が昼過ぎに〔師の住まいに〕やって来て呼び板を叩いたが、師の姿はどこにもなかった。そこで彼は中に入り、すわって心を集中した。〔すると、〕師が男に辱しめられている姿が見えた。

すぐさまそこへ向かい、頭を〔師の〕足に押し当てて、言った、「どうしてこのような目に遭われているのですか？」〔師は〕答えた、「遙か昔に犯した罪のせいなのだ」。沙彌は言った、「とりあえず〔住まいに〕戻って、食事をしましょう」。そこでふたりは、〔どこにでも自在に行ける〕神足通を使ってそこから姿を消した。

まだ道《さとり》を得ていなかった沙彌は、怒りの心を持ち続け、〔どうしても〕それを取り除くことができなかった。〔一方で〕清らかで信心深いわが師を見、〔一方で〕国の人たちのやりようを見た〔彼は、こう思った、〕「人々は私の師を捕えて、あんなふうに扱った。〔仕返しに〕龍に雨や小石を降らせて、国中を動揺させ、恐怖に陥れてやろう」。そのように思い終わると、〔すぐさま〕あたり一面に小石混じりの砂が降ってきた。〔やがて〕城壁も土手も家々も、残らずすべて破壊されてしまった。

〔それを見た〕師が言った、「わしは前世で、牛の屠殺を生業にしていた。だからあのような禍に遭うことになったのだ。〔そうだというのに、〕お前はなぜこのような罪を犯したのだ？〔ここを〕立ち去れ、もうお前を側に置いておくわけにはいかない。もうわしのあとをついて来るな」。

師が言った、「罪とその報いとはそういうものなのだ。慎まないわけにはいかないではないか」。

33（37） 眠り込んだ妻の落とした剣で死んだ夫

昔、王様と五人の大臣がいた。〔そのうちの〕一人の大臣が、かねてから仏陀に、どうか〔わが家に〕お越しいただきたいと頼んでいたが、仏陀はその大臣の申し出を受けずに帰ろうとした。そこで王が仏陀に口添えをすると、仏陀がこう言った、「あの大臣はもうすぐお亡くなりになるのです。明日は誰が幸せを求めて私のところに来るのでしょうか？」

〔それを聞いて、そんなばかなと思った〕大臣は、試しに占い師を呼んで占わせてみた。〔占い師は〕こう言った、「武器で命を落とされることになるでしょう」。そこで〔大臣は〕兵士を呼んで我が身を守らせるとともに、みずからも剣を抜き、それを手に構えていたが、夜になるとどうにも眠くてしかたがなくなったので、「これを持っていろ」と言って、その剣を奥さんに渡し、〔横になっ〕た。〔やがて〕奥さんも眠り込んでしまって剣を落とし、それが夫の首を切断することになってしまった。奥さんは泣き喚いて、「主人が死んでしまった」と叫んだ。

王は〔他の〕四人の大臣を呼び寄せて、問い質した、「彼を守らなければならなかったのに、そなたたちが姦計を巡らせて〔彼を〕殺してしまったのだな。彼の妻がずっとそばにいたというのに、いったいいつの間にそのような罪を犯すことができたのだ？　彼のそばに忍び寄ったのは、

〔そなたたちの〕誰なのだ?」そう言うと、四人の大臣の右手を斬り落としてしまった。

阿難が仏陀に、「どうしてそんなことになってしまったのでしょうか?」と尋ねた。〔すると〕仏陀が言った、「あの夫は前世、〔子供のときに〕羊飼いをしていたのだ。奥さんのほうは白い色をした母羊で、あの四人の大臣は前世、盗賊だった。羊を放牧しているのを見つけた〔盗賊たちは〕子供を呼び、〔四人〕そろって右手で白い母羊を指して、その白い母羊を殺せと〔子供に〕命じた。〔それから〕五人でそれを柔らかく煮た。子供は泣き叫び、悲しく哀れに思いながらも、羊を殺して盗賊たちに食べさせたというわけだ。そのとき以来、何度も何度も生と死をくり返して、今やっとこの世でそろって顔を合わせることになったので、〔関係した六人みなが〕その宿命的な罪にけりをつけた、というわけなのだ」。

34 （38） 魚身と屈強な男

昔、権力のある家柄の人がおり、巨億の富を持っていた。いつも心から進んで恵みを施し、求められるものがあれば決して拒んだりはしなかった。しばらくして男の子が生まれたが、手足がなく、姿かたちが魚に似ていたので、魚身《ぎょしん》と名づけた。父母が亡くなると彼は〔財産を〕相続し、家業を継いだ。〔いつも〕寝室で横たわっていたので、その姿を見た者はひとりもいない。

そのころ、王様の厨房から食べ物をもらっていた屈強な男がいたが、いつも腹をすかせ、〔食べ物が〕足りないと思っていた。たったひとりで薪を積んだ一六台の車を引いては、それを売って暮らしを立てていた。それでも、いつも足りない足りないと思っていた。

〔そこであるとき、〕四姓〔に属する例の大家〕を訪れ、不足している分を求めて、こう言った、「ここ何年もの間、王様の厨房で食べたり飲んだりさせてもらっているんですが、満足することはなく、いつも飢えに苦しんでいます。四姓《ごしゅじん》が巨億の財産をお持ちだと聞いたので、こうやって施しを求めてやって来たんです」。

魚身は男を中に招じ入れて会い、自分がどんな姿かたちをしているのかを見せた。

〔やがて〕そこを立ち去った屈強な男は、こんなふうに思いを巡らせた、「〔おれは、〕力なら石を〔軽々と持ち〕上げるほどあるというのに、手も足もないくせに何でもやすやすと物を手に入れてしまうあいつに及ばないのだ」。

男は仏陀のところへ行って、疑問をぶつけてみた、「この世の中には、大金持ちがいて、王様と同じように尊敬されており、死ぬまで手足のないままでいるしかないのに、財産を増やし続ける人がいます。私の筋力は、国中に適う者がいないほどなのに、年がら年中腹をすかせ、飲むものや食べるものに困っています。いったいどういうわけで、そういう違いが生まれるのでしょう?」

〔するとそれを聞いて〕仏陀が言った、「昔、迦葉仏《かしょうぶつ》がおられたとき、魚身と今の王がいっしょに仏陀に食べ物を施そうとしたことがあった。そのときお前は、貧しさのどん底にいたのだが、二人から手伝ってくれと頼まれた〔のに、断わってしまった〕。魚身は必要なものを持って、王といっしょに〔仏陀のところに〕行く途中、王にこう言ったのだ、『今日はちょっと用事がありますので、いっしょには行けません。この用事を済ませないと、この手足を切り落とされるのと同じことになってしまうんですよ』とね。そのとき、仏陀のところへ行ったのが今の王で、行かずに、うっかり余計なことを口走ったのが魚身だったのだ。そのとき、貧しさのどん底にいて、手伝っ〔てほしいと頼まれたのに断わっ〕たのが、お前だったというわけだ」。

その話を聞いた屈強な男は、心の迷いが解けて悟りを開き、すぐに沙門となり、阿羅漢の境地を得た。

旧雑譬喩経巻上

巻下〔35（39）〜61（70）〕

35（39）仏陀が教えを説こうとしなかった男

仏陀が弟子たちに経《おしえ》を説いていたとき、狩人が弩《いしゆみ》を肩にかけ、十余羽の鳥を背負って通りかかり、通り過ぎるときに仏陀をじっと見詰めた。心のすぐれた強い人であったが、経典が説かれるのを聞いてみたいと思ったのだ。ところが仏陀は話をやめてしまい、彼のためには説こうとしなかった。狩人は、「もしおれが仏陀になれたら、広くみんなのために道《おしえ》を説いて、決して拒んだりはしないことにしよう」と言いながら、立ち去って行った。

阿難が仏陀に訊ねた、「あの人は心の底から経典のことや教えについて聴きたいと願っていたのに、どうして拒まれたのですか？」〔すると〕仏陀が言った、「あの人はすぐれた菩薩〔になる人〕で、深くしっかりとした心を持っている。昔、国王だった人なのだが、宮廷に仕える女たちを公平に扱おうとしなかったので、〔このままでは〕自分は幸福にはなれないと思い込んだ者たちが、鴆《ちん》という鳥の毒を使って王を殺してしまったのだよ。〔その後〕王は狩人の家に生まれ変わり、〔王を毒殺した〕宮廷の女たちはみんな鳥や獣に身を落とした。今、その罪が終わって、〔すべてが〕成就しようとしているところなのだ。もし経典を説いて聞かせたりしたら、心に恐れを感じて、〔せっかく菩薩になれるのに〕羅漢の道に逆戻りしてしまうのではないかと心配したのだ。だから説かなかったのだよ」。

36〔40〕 金の釜を盗もうとした男

昔、ある仏寺の中に金の釜があった。それを使ってさまざまな味〔の食材〕を煮ては、道人たちに振舞っていた。

あるとき、〔ひとりの男がその寺に〕入ってきて、金の釜を見た。〔男は〕どうしてもそれを盗み取りたいものだと思った。〔そこで〕沙門になりすまし、〔僧〕服を着て大勢の僧たちの中に紛れ込み、年長の僧が経を論じて、さまざまな罪や罰、生きることや死ぬことについて話をし、何かをしたことに対する報いは影のようについて回るもので、決してそこから離れることはできないのだということをよく分かるように説いているのを聞いていた。盗人は心の迷いが消えていくのを感じ、次第に後悔の念にかられてきた。心を深く集中させると、〔そんなふうに思うようになった〕道筋が見えてきた。そのきっかけを〔あれこれと〕思い巡らせて、「あの釜こそがおれの〔導きの〕師だったのだ」〔と思い至った。そこで彼は〕真っ先に釜に礼をし、その周りを三回巡ってから、そこにいる沙門たちに、自分が〔悟りに至った〕道を包み隠さず打ち明けた。

〔このように〕実に悟りに至るきっかけは、誰もが持っているものなのである。心を集中させれば、誰ひとりとして悟りを得られない者はいないのだ。

37（41）女になった若者

昔、阿那律《アナリツ》が羅漢になっていたときのこと、大勢の比丘たちの中に顔つきや姿が美しくて、女のように見える者がいた。あるとき、ひとりで草むらの中を歩いていたとき、軽薄な若者が彼を見て女だと思い、欲望がむらむらと沸き起こってきて彼を犯そうとした。〔ところが、〕相手が男だと分かった瞬間に、自分の姿が女に変わってしまったことに気がついた。若者は大いに恥じ、滅入ってしまって、山の奥深くに入り込み、ついにそのまま数年間、家に帰ろうとしなかった。その妻も子も彼がどこにいるのか分からず、すでに亡くなってしまったものと思って悲嘆に暮れ、心も落ち着くことがなかった。

〔そんなとき、〕阿那律が托鉢をしながら、その家に立ち寄った。〔若者の〕妻が涙を流しながら、こう言った、「夫が戻って来ないのです。どうかお願いですから、あなたの幸いをもたらす力によって〔夫を〕生きたまま連れ戻してください」。阿那律は黙ったまま、それに応えることはなかったが、心に深く同情した。

そこで、山に入って〔若者を〕探し求め〔て歩き回っ〕た。〔阿那律に会った〕若者は深く悔い改めてわが身を責めた。すると、〔その体が〕再び男に戻ったのだ。〔こうして〕やっと家に帰り、家族と再会することができたのである。

およそ道《さとり》を得た人は、悪意をもって〔他人に〕近づくようなことはしない。〔そんなことをすれば〕逆に禍を受けることになる〔と知っている〕からだ。

38（42）食べ物を少し残すようになった理由

昔、ある比丘がいた。静かな樹の下にすわって修行に励み、思いを巡らせていた。樹上には一匹の大きな猿がいた。比丘が食事をしているのを見ると、下に降りて来て、近くでじっとしていた。比丘はあまった食べ物を猿に与えた。食べ物をもらった猿はすぐに水を取りに行き、手を洗ってくれとばかりに〔比丘に〕差し出した。そうしたことが何ヶ月も続いた。

ある日のこと、〔比丘は〕うっかりして〔全部を〕食べてしまい、食べ物を残すことを忘れてしまった。食べ物をもらえなかった猿はひどく腹を立て、比丘の袈裟を奪い取って樹に駆け登り、それをボロボロに引き裂いて台無しにしてしまった。比丘は頭に来て、「この畜生め！」〔と言うや、〕杖を振り上げて、つい打ち据えた。猿は地面に堕ちて死んでしまった。〔すると、〕何匹かの猿が集まって来て、けたたましく叫び声を上げ、みんなして死んだ猿を担いで仏寺に運んで行った。

〔寺を管理する長老の〕比丘は、これには必ず何かわけがあるに違いないと思い、他の比丘たちを集めて、それがどういうことなのかを〔互いに〕推測したり、尋ね合ったりした。例の比丘が、真実のすべてを説明した。

こうしてひとつの教えが作られることになった。〔つまり、〕その日からは比丘はみんな、食事をするたびに食べ物を少し残して生き物にやることにし、残らず食べてしまってはいけない〔ということにしたのである〕。

檀越《だんおつ》が食事を求めるようになったのは、そのときからである。

39a（43）　よけいなことをして墜落死した亀

昔、一匹の亀が日照りに遭い、草木も枯れ、湖も湿地も干上がって、自分では食べ物のあるところへ行けなくなってしまった。そのとき大きな白鳥が、その近くに群をなして住んでいた。亀は〔白鳥のところへ〕行って、何とかして助けてほしいと頼み込んだ。

〔承知した〕白鳥は亀をくわえて、町の上空を飛んでいった。亀は黙っていることができず、声を出して、「あれは何なんだい？」などとあれこれ尋ねては、〔質問を〕やめようとしなかった。それに応えようとして白鳥が口を開いたとたんに、たちまち亀は地面に墜ちてしまった。〔そこへ〕人々が寄って来て、亀を殺して引き裂き、食べてしまった。

人というものは〔とかく〕愚かで頑なで思慮に欠け、口を謹まないものであるが、それは、譬えてみればこういうことなのである。

39b（44）沙門に生まれ変わった男

昔、ある沙門がいて、仏門*に入りたいという人に、頭を剃って来るよう言った。その人は頭を剃り終えると〔戻って来て〕、地面にひれ伏して挨拶をしながらこう言った、「どうか後の世では私の心を清く潔く、そして道人《あなた》のように物事を正しく見る力を立派に備えた人間にしてくださいませんでしょうか」。道人は答えた、「私よりすぐれた力を得られるようにしてあげましょう」。

〔そう言われると〕その人はおじぎをして立ち去って行った。

その後、〔その人は〕寿命を終えて忉利天に生まれ、その天上での寿命が尽きると〔再び〕人間界に下って、有力な家柄の子として生まれ変わった。のちに彼は沙門になり、物事を正しく見抜くそのすぐれた力によって道《さとり》を得ることができた。

昔の〔礼儀正しい〕振舞いと誠実のおかげでそうなったのである。

＊「仏門に入りたいという人」の原文は「兄人」だが、脚注の「凡人」を採る。

40（45）人喰い鬼との約束

昔、ある梵志《バラモン》がいて、国王に物乞いをした。王は猟に出ようとしていたところだったので、梵《バラ》志《モン》に、宮殿で私が還って来るのを待つようにと頼んだ。すぐに戻ってくるからと言って王は猟に出かけ、鳥や獣を追いかけた。

〔ところが〕家臣の者たちとはぐれてしまい、山の中に迷い込んで、鬼とばったり出くわしてしまった。鬼は王を喰らおうとした。王が言った、「私の言うことを聞いてくれ。今朝、城門を通るときにひとりの道人《バラモン》に出逢い、私に物乞いをしたのだ。私は、宮殿で私の還りを待つようにと言った。〔だから、〕今はしばらくの間、還らせてほしい。その道人《バラモン》に施しを済ませたら、またそなたのところに戻って来て喰われることにしよう」。〔すると〕鬼が言った、「おれは今お前を喰いたいのだ。〔いったん還したら〕どうして戻ってなんか来るものか」。王が言った、「いいだろう、〔だが、〕もし私が本当に誠実な人間ではないとしたら、どうしてその道人《バラモン》のことを思い出したりするだろうか」。〔それを聞いて〕鬼は王を解放してやった。

王は宮殿に取って返し、施し物を道人《バラモン》に与え、国を太子に譲り渡すと、鬼のもとへと還って行った。鬼は王が戻って来るのを見て、その偽りのない誠に感じ入り、丁寧に謝って、敢えて喰おうとはしなかった。

師が言った、「その王は誠実な心ひとつで命をまっとうし、国をも救ったのだ。五戒を守る賢者や真心を布施する者であるなら、どうしてその福が計り知れないものとならないことがあろうか」。

41（46）心を入れ替えた太子

昔、阿育《アイク》王はいつも進んで沙門たちのために食事の用意をしていた。太子にも酒を注がせたり、もてなしの用意をさせたりした。太子は黙って〔言うなりになっていたが、心の中では〕腹を立てて、こう思っていた、「おれが王になったら、道人のやつらを皆殺しにしてやるぞ」。〔ひとりの〕道人が太子の怒りに気づき、太子に言った、「私たちはそう長いことこの世に留まっているわけではありません」。太子はびっくりして、「この道人はなんという曇りのない知恵を持っているのだろう。おれが心に思っていることを見抜いているぞ」。すぐに〔彼は〕我が身を振り返ってこう思った、「私が王になったら、父よりももっと道人たちの飲食の世話をすることにしよう」。〔そう思うと〕彼の心は穏やかになり、悪意が消えて善意が生まれた。〔すると〕道人が言った、「あなたが王になる頃には、私は天上に生まれていることでしょう」。太子は思った、「なんて素晴らしい人なんだろう、この沙門は」。

その後、国王になった彼は五戒を守り、十善に従って国政を行ない、〔国に〕繁栄と平和をもたらした。

42a（47）大便を布施して地獄に落ちた女

昔、ある四姓に属している人が二人の妻を迎えた。〔正妻である〕最初の妻は、毎日、おいしい食べ物をある沙門に供養した。沙門は毎日やって来ては食べ物を受け取った。二番目の妻はそれを忌み嫌って、翌日、沙門がまたやって来たときに、すぐに迎え出て鉢を受け取り、汚物をその鉢の中に入れ、食べ物をその上にのせて〔汚物を隠してから〕沙門に渡した。沙門はそれを持ち帰った。

　山の中でそれを食べようとしたとき、汚物に気づいてすぐに鉢を洗い清め、その後はもう二度と〔その家には〕行こうとしなかった。

二番目の妻の口の中と身体の両方がともに悪臭を放ち〔始め〕、それに気づいた人たちは皆走るように〔彼女を〕避けるようになった。

その後、寿命を終えた彼女は沸屎《ふっし》地獄に落ち、それから〔地獄、餓鬼、畜生の〕三悪道を数千万年の間転々とし、〔やっとのことで〕罪が消えて〔再び〕人に生まれた。〔ところが〕いつも大便を食べたいと思い、食べられないときは腹が締めつけられるように痛んだ。のちに人妻となったが、夜〔こっそりと〕起き出しては人目を忍んで大便を食べていた。

こうして月日が過ぎていったが、〔あるとき〕夫が怪しんで〔何をしているのか〕確かめようとあとをつけ、妻が大便を食べているのを見てしまった。前世から決まっていた運命でそういうことになったのである。

42b（48）成し難い四つのこと

人には成し難いことが四つある。一つ目は仏塔〔を建てること〕、二つ目は寺や僧の住まい〔を建てること〕、三つ目は比丘僧たちの食事〔の世話をすること〕、四つ目は出家して沙門になることである。この四つのことを〔そのうちのひとつでも〕実行すれば、計り知れない幸福を得ることができる。なぜであろうか？

〔それは〕この世に〔そういう〕実例がたくさんあるからにほかならない。いったん人として生まれたからには、財産を持つことができて、その上でなお、欲深で物惜しみをしたり、むやみに欲しがったりする心を取り除いて、恵みを施したり善い行ないをしたりしてしっかりとした生活を送ることができさえすれば、それが実にすばらしいことなのだ。〔しかし、〕それこそが幸福なことなのだと知ることができるのは、ただ仏陀だけなのである。

42c （49） 親しむべきは何か

仏陀が言った、「比丘は互いに食事に招き合うことに親しんではいけない。ただ経典に説かれている法を互いに教え合い、誡《いまし》め合うことに親しむべきだ」。〔もし〕比丘が互いにおいしい食事に招き合ったりすれば、現世において比丘は、〔あの人は良い人だという〕良い評判を得られるかも知れないが、来世では善い報いを得られなくなってしまう。〔そうなれば比丘は、〕仏陀のもとにいることで〔かえって〕非難されてしまうことになる。なぜであろうか。

仏教以外の教えを信じる者が〔そういう〕比丘を見れば、「仏陀の弟子たちはおいしい食事や見栄えのいい服を互いに施し合っているだけではないか。〔そんなことを〕教えているのはいったい誰なのかというと、それが〔ほかならぬ〕仏陀なのだ」と言うであろうからだ。仏陀のもとにいると、〔そんなふうに〕非難されてしまうことになるのである。

比丘は仏陀の定めた経典と戒律や悟りの道を互いに求め合い、それに大いに親しまなければならない。なぜであろうか。

仏教以外の教えを信じる者が〔そういう〕比丘を見れば、「仏陀の弟子たちは、ただ仏陀の定めた経典と戒律と悟りの道だけを互いに教え合っている。ほかに与え合っているものは何もない」と言うであろうからだ。〔そのようにすれば〕比丘は現世においても良い評判を得られるであろうし、来世においても輪廻から解き放たれることになるであろう。仏陀のもとにいることによって評価されることになるのである。なぜそう言えるのだろうか。〔それは、〕仏陀がその比丘たちの師であり、弟子たちを教えるのにただ経典に示されている解脱の道のみによっているからだ。

そういうわけなので、食事に招き合うようなことは、する必要などない。ただ善い言葉を掛け合って、互いに励まし合うようにするべきなのだ。

42d（50）満足を知ることと満足してしまってはいけないこと

仏陀が言った、「比丘は満足することを知らなければならない」。

〔では、〕満足することを知らなければならないとは、どういうことであろうか。思うにそれは、一衣一食しか求めないということだ。〔そして〕常に決まった規律のある行動をし、雑念を排し、心を落ち着かせて、乱すようなことはしない。それが、満足することを知るということなのである。

また〔逆に〕、満足してしまってはいけないこともある。〔それは、〕いわゆる〔仏陀の定めた〕経典と戒律によって四禅《しぜん》や四空定《しくうじょう》や須陀洹《しゅだおん》や斯陀含《しだごん》を得ることができたとしても、〔これでもう十分だと〕間違った考えを抱いて、満足してしまってはいけないということである。妄念を起こして、満足してしまってはいけないこともあるとは、そういうことなのである。

43a（51）小便をもらした比丘がそしられるのを見て

ある比丘が托鉢をしていたとき、尿意をもよおして立ち止まったのだが、〔間に合わず立ったままで〕とうとう小便をもらしてしまった。それを見た道を行く人たちがみんなして〔彼を〕そしり、笑い者にして、こう言った、「仏陀の弟子だったら、歩き回るときには〔それなりの〕決まりってものがあるだろうし、〔だからこそ〕身にまとっている服に威厳が生まれるってものだろう。それなのにこの比丘ときたら、立ったままその場で小便をもらしやがった。ちゃんちゃらおかしいぜ」。

ちょうどそのとき、尼揵《ニケン》の弟子〔であるジャイナ教徒の男〕が通りかかり、みんながその比丘をそしって笑い者にしているのを見て、こう思った、「おれたち尼揵の弟子は〔いつもこうやって〕裸で歩き回っているから、〔小便をもらしても〕誰もとがめたりはしない。〔それなのに〕仏陀の弟子が立ち止まって小便をもらしただけで、人々がみんなしてそれを笑っている。これは、おれたちの師には何の法則《きまり》もないからに違いない。だから誰も笑ったりしないのだ。仏陀の弟子たちの法《きまり》だけが清らかで穢れのないもので、礼儀を備えているから、〔ああやって〕良いとか悪いとか言えるのだ」。そう思うと男はみずから進んで仏陀のもとへ行って沙門になるや、すぐに須陀洹《しゅだおん》を得た。

　比丘とは獣たちの王者である獅子のようなものである。〔だから〕人々の師が言うことは法《きまり》として守らなければならない。歩くにせよ、すわるにせよ、立ち上がるにせよ、そこには威儀がなくてはならないし、それをみずから軽んじることはできない。〔立派な〕人間になるための法則《きまり》であるなら、それをみずから軽んじることは許されないのだ。みずから軽んじたり、みずからそしったりすることは、昔の賢人を辱しめることになるのである。

43b（52）三回の精進の功徳

天上に住む守護神帝釈天と第一天の〔守護神〕四天王は、〔一月、五月、九月の〕三度、〔それぞれの月の〕一五日に、誰が戒律を守っているか〔を調べるために〕人間界を観察する。戒律を守っている者たちを見つけると、天の守護神たちは歓喜する。

さて、〔ある月の〕一五日のこと、帝釈天が天の宮殿にすわって、〔あれこれ〕考えながらこう言った、「世の中にもし〔それぞれの月の〕一五日に三回の精進をする者がいれば、寿命が尽きたときにわしと同じ位を得ることができるのだがな」。そばにいた天神たちは〔その言葉を聞いて〕びっくり仰天し、こう言った、「一五日に三回精進するだけで、帝釈天と同じ位が得られるんですか?!」

すでに阿羅漢の位を得ている比丘がいて、そのときすぐに帝釈天が心に思ったことを察知し、仏陀にこう言った、「帝釈天の言ったとおりなのかどうか、はっきりさせていただきたいのですが」。仏陀が言った、「帝釈天の言ったことを信じてはいけない。本当のことではないからだ。なぜかと言うと、〔それぞれの月の〕一五日に三回精進すれば、俗世間を超越して悟りを得ることすらできるからだ。帝釈天の位などは何ということもない。本当のことではないと言ったのはそういうことだからで、信じるに足りないということだ」。

精進をすることで〔どんなすばらしい〕福が得られるかを知っているのは、ただ仏陀だけなのである。

44（53） 海で大雨を降らせる龍

海中に大きな龍がいた。龍は〔空中に上って、須彌山の〕南の大地〔インド〕に雨を降らそうとした。しかし、大地が雨水に耐えられないのではないかと恐れた龍は、こう思った、「大地がおれの降らせる雨に耐えられないのであれば、〔また〕海に戻って〔海で〕雨を降らせることにしよう」。

仏陀のすぐれた弟子たちの威徳は実に大きい。九六種の異教徒たちにも恩恵を施したいのだが、彼らは〔そうした恩恵に〕耐えられないのではないかと心配するあまりに、仏陀の弟子たちはあちこち巡り歩きながら恩恵を施しているのだ。〔それは〕龍が海に戻って〔海で〕雨を降らせるのと同じことなのである。

45（54）わが身を供養する兎

昔、一二〇歳になる梵志《バラモン》がいた。若いときから妻をめとらず、淫らなことにふけることもなく、山奥の、誰ひとりいないところに茅《かや》で小屋を作り、蓬《よもぎ》の葉を筵《むしろ》にして〔暮らし〕、水〔を飲み〕、草木の実を食べ、財宝を蓄えることもなかった。国王に招かれることがあっても出かけたりせず、静かな所で何ものにもとらわれずにいた。〔こうして〕山中で数千年あまりを過ごしながら、昼間は鳥や獣と遊び戯れていた。

〔そうした遊び相手の中に〕四匹の獣がいた。狐と大猿と川獺《かわうそ》と兎である。その四匹が毎日道《バラ》人《モン》のところに〔やって来ては〕経を聴いたり、教えを受けたりしているうちに、すでに長い年月が流れていた。〔そのうちに辺りの〕草木の実も食べ尽くして、なくなってしまったので、道人《バラモン》は四匹の獣に、〔自分もここを離れるから、みんなも別の所に〕行って〔それぞれ生き続けて〕欲しいと願うようになった。四匹の獣は〔それを知って〕愁い悲しみ、〔何とかしなければと〕話し合った。「ぼくたちそれぞれが出かけて行って、道人《あのかた》に供養するものを何か探してくることにしよう」。

〔こうして〕大猿は他の山に行って甘い果物を取って来ると、「どうか立ち去らないでください」〔と言って〕、道人《バラモン》にあげた。狐は人間に化けて出かけ、食べ物を探して一袋の米や麦粉を持って来ると、それを道人《バラモン》にあげて、「これでひと月は食べられますから、どうかここに留まってください」〔と言った〕。川獺は水に入って大きな魚を捕まえ、それを道人《バラモン》にあげて、「ひと月分の食料を用意しますから、どうか立ち去らないでください」〔と言った〕。

兎は、「わたしは何を道人《あのかた》に差し上げたらいいのだろう」と考えて、自分自身を供養するしかない、と思い至った。そこで出かけて行って薪を拾い集め、火を燃やして炭を作ると、道人《バラモン》のところに行って、こう言った、「わたしは兎ですので小さな体しかありませんが、火の中に入って炙り肉となり、この身を道人《あなた》に差し上げますので、どうか一日分の食料にしてください」。〔そう言うやいなや〕兎は火の中に飛び込んだのだが、火は燃えるのをやめてしまった。道人《バラモン》は兎を見てその仁義に深く感じ入り、その身を案じ哀れに思ってそこに留まることにし、〔四匹の獣にもそばにいることを許し〕た。

仏陀《ブッダ》が言った、「そのときの梵志《バラモン》は提《てい》和《わ》竭《か》仏《ぶつ》であり、兎は私、大猿は舎利弗《シャリホツ》、狐は阿難《アナン》、川獺は目揵連《モクケンレン》だったのだ」。

46（55） 逃げた人喰い鬼

昔、五人の道人がいて、いっしょに道《しゅぎょう》をしていた。雨雪《みぞれ》が降り出したので〔近くの〕お堂で一夜を明かすことにした。お堂には鬼神の像があり、民衆や官吏たちが崇拝していた。四人が言った、「今夜はひどく寒いからこの木像を燃やして〔あたたかい〕飯でも作ろうじゃないか」。〔すると残りの〕一人が言った、「それはこの辺の人たちが祭っている〔像だ〕から、壊してしまうわけにはいかないだろう」。そういうわけで、〔像は〕壊さずにそのまま置いておくことになった。

〔ところで〕そのお堂の中にはいつも人を喰らっている鬼たちがいて、こんなふうに言い合った、「あいつを喰ってやろう。あいつだけがおれたちを畏れているからな。ほかの四人は〔根っからの〕悪だから、おれたちには歯が立たん」。像を壊すことをとめた男が、夜、鬼がそう言い合っているのを聞いて、〔他の四人の〕連れを起こし、こう言った、「あの像を壊して〔あたたかい〕飯を作らない手はないな」。そう言うと像を手に取り、燃やしてしまった。人喰い鬼はすぐに逃げ出した。

さて、修行をする者は常に心をしっかりと保っておかなければならない。臆病風を吹かせ弱気になって、鬼に人を喰わせるような機会を与えてはならないのだ。

47（56） 国を棄てて沙門になった王

昔、ある国王がおり、国を棄てて沙門になった。山中で思いを巡らせ、草や茅で住まいを作り、蓬《よもぎ》の葉を筵《むしろ》にして〔暮らし〕、これでやっと志を遂げたと思って、大笑いしながら、「実にすばらしい！」と言った。〔すると、〕近くにいた道人が訊ねた、「たいへん楽しそうですな、今は独り山中にすわって道を学んでおられるというのに。何か楽しいことでもおありなのですか？」

沙門は言った、「王であったとき、私には〔心配のあまりに〕物思いに沈むことがたびたびありました。隣国の王が国を奪いに来るのではないかと恐れたり、財物を盗まれるのではないかと心配したり、利益を貪られるのではないかと恐れたり、常に臣下の者たちが私の財宝を奪って反旗を翻すのではないかと畏れては、〔心の休まる〕時がなかったのです。〔しかし、〕今こうして沙門になってみると、私から利益を貪り取ろうとする人はひとりもいないのだと知って、すばらしいと言うしか〔言葉が見つから〕ないのです。それが、すばらしいと言った理由なんですよ」。

48（57）仏塔を巡る王と退却する敵

昔、人として行なうべき道をたいへんに重んじる国王がいて、いつも仏塔の周りを百遍巡っていた。〔あるとき、〕それが終わらないうちに、隣国の王が国を奪おうと攻め寄せて来た。臣下の者たちは恐怖に襲われ、すぐさま駆けつけて王に言った、「敵兵が押し寄せて来ます、大王さま！　すぐに塔を巡るのをやめてお戻りになり、策を思い巡らせて、敵兵を打ち払ってください！」〔すると、〕王が言った、「分かった。〔だが、〕敵兵には攻め寄せるにまかせよ。これをやめるわけにはいかん」。〔そして、〕少しも動揺した様子もなく塔を巡り続けていると、それが終わらないうちに、〔何と〕敵兵は散り散りになって退却してしまった。

揺るぎない心を持って気持ちをしっかりと保てば、それを打ち砕くものは何もないのである。

49（58）獣の頭と人間の頭

昔、ある王がいた。外出して、仏陀のそばを通るときにはいつも挨拶をし、泥んこの中であろうと雨が降っていようと避けるようなことはしなかった。そばにいる家臣たちがそれを気にして、自然とお互いにこう言い合うようになった、「王様はいったいどういうつもりで、こんな煩わしく面倒臭いことをするのだろう？」王の耳にその言葉が聞こえた。

宮殿に還ると、王は臣下の者たちにこう命じた、「獣の頭を百個と人の頭を一つ、探して来い」。〔しばらくすると〕臣下の者たちが、「すべて揃いました」と王に言った。王は〔さらに〕命じた、「それを市場で売って来い」。〔獣の頭は〕すべて売れたが、人の頭は売れなかった。

〔戻って来た〕臣下たちはこう言った、「売りに出した百個の獣の頭はすべて売れましたが、人の頭だけは悪臭を放って爛《ただ》れていましたので、買おうとする者はひとりもいませんでした」。〔すると〕王がそばにいる家臣の者たちに言った、「そなたたちには〔売れぬ理由が〕分からぬか？*わしが以前、仏陀のおられる所を通って仏陀に挨拶をしたとき、そなたたちは、『どういうつもりで王はこんな煩わしく面倒なことを〔するのだろう〕？』と申したな。わしの頭もこの死人の頭と同じように穢《けが》れているのだということを知ってほしい。〔それでも、仏陀に挨拶をして〕福を追い求めれば天に上ることができるのだ。そなたたちは愚かだから、〔そういうことも〕知らずに、〔わしのしていることに〕文句を言い、余計なことをしている〔と言うのだ〕」。家臣の者たちが言った、「大王さまの仰せのとおりです」。〔そして、〕額を床につけて、「私どもが愚かで、〔考えが〕及びませんでした」と、その過ちを〔認めて〕謝った。

その後、王がまた外出した。家臣の者たちも皆、馬から下りて、仏陀に挨拶をした。王のすることに倣ったのである。

＊「わしが」の原文は「祕」。脚注の「我」を採る。

50 （59）馬車から下りて沙門に挨拶する王

昔、ある国王がいて、〔宮殿の外に〕出たときに沙門を見かけると、いつも馬車から下りては沙門に挨拶をしていた。〔あるとき、挨拶をされた〕道人《しゃもん》が言った、「大王さま、〔そのようなことは〕おやめください。馬車から下りる必要などございません」。

〔すると〕王が言った、「わしは上《のぼ》っているのであって、下《お》りているのではない。上っているのであって下りているのではないと言う理由は、今、道人《あなた》に挨拶をしたので、この寿命が尽きたら天上に生まれ変わることになるからだ。だから、上っているのであって下りているのではないと言ったのだ」。

51（60）自分の遺骨をいとおしむ魂

昔、ある人が亡くなったのだが、その魂が還ってきて〔この世に残された〕自分の骨をさすっていた。近くにいた人が尋ねた、「あんたはもう死んでしまったというのに、どうしてそんなひからびた骨なんかをさすっているんだ？」

〔すると〕魂が答えた、「これは私の昔の体なのです。この体は生き物を殺したことも、盗みを働いたこともありません。〔妻以外の〕他の女性と淫らなことをしたこともなければ、二枚舌を使ったことも、人をののしったことも、考えなしに訳の分からないことを言ったことも、偽り飾ったことを言ったこともありません。嫉ましいと思ったこともないし、怒って恨んだりしたこともなければ、愚かであったこともない。〔そういうわけで〕死後、天上に生まれ変わることができたのです。〔生前に私が〕願っていたことがおのずから〔実現しましたので〕、この上なく気持ちがいいし、楽しいのです。私がこの〔ひからびた骨を〕愛しいと思うのは、そういうわけなのです」。

52（61） 鬼に動じぬ沙門

昔、外国にある沙門がおり、山中で修行をしていた。〔そこへ〕鬼が頭のない人間に化けて現われ、沙門の〔目の〕前にやって来た。〔沙門は〕応えて言った、「頭痛に悩まされることがなくて〔結構なことだ〕。目は色を見るもの、耳は声を聴くもの、鼻は香りを嗅ぐもの、口は味を知るものだが、〔それらがついている〕頭がないとは、何と素晴らしいことだろう」。

鬼はいったん姿を消したが、〔今度は〕手足はついているが体のない人間に化けて来た。沙門は言った、「体がなければ痛みや痒みを知らないで済む。五臓もないから病気も知らない、実に素晴らしいことではないか」。

鬼はまた姿を消し、今度は手足のない人間に化け、一輪車のように転がりながら沙門のところにやって来た。道人《しゃもん》は言った、「手足がないとは、何と素晴らしいことだ。〔それならば〕他人の財物を〔盗み〕取ることもできない。実に結構なことだ」。

〔驚いた〕鬼が言った、「この沙門はひたすら修行に励んで動じる気配がない」。〔そう言うと〕鬼は端正な男の姿になって現われ、額を道人《しゃもん》の足にすりつけて言った、「道人《あなた》は見事に意志を堅くお守りになりました。道人《あなた》の修行は、もう間もなく完成することでしょう」。額を足につけたまま心から〔沙門を〕敬うと、〔鬼は〕立ち去って行った。

53（62） 日月も私を見ている

昔、ある沙門が山の中で修行をしていたとき、下着がほどけて地面に落ちてしまった。すぐさま左右をよく見て、その下着をそっと引き寄せ、身にまとった。〔そこへ〕山の神が現われて道人にこう言った、「このあたりには人っ子一人いませんよ。〔だから、〕下着が落ちたからといって、どうしてそんなふうに腹ばうように身を伏せて下着を身につけるんですか？」

沙門は答えた、「山の神《あなた》が私を見ていたではありませんか。この私だって自分を見ているんです。それどころか、太陽も月も、大勢の天神も私を見ているんです。礼節からみても、裸身をさらすのは良いことではありません。恥じらいの心を失ってしまった者は、〔もう〕仏陀の弟子とはいえないのです」。

54（63）同じ地獄の釜に落ちた六人の男

昔、六人の仲間がいていっしょに地獄に堕ち、同じ釜の中にいた。その誰もが自分の犯した罪について語ろうとして、一人目が「に」と言い、二人目が「お」と言い、三人目が「あ」と言い、四人目が「い」と言い、五人目が「だ」と言い、六人目が「あれ」と言った。仏陀がそれを知って笑った。目揵連が仏陀に、「どうして笑われたのですか？」と尋ねた。

仏陀が答えた、「六人の仲間がそろって地獄に堕ちて、同じ釜の中にいるのだ。それぞれが自分の犯した罪について語ろうとしているのだが、湯が沸騰して逆巻いているものだからちゃんと話すことができないで、みんな一語だけ言ってはまた釜の底に戻ってしまったのだよ。一人目が『に』と言ったのは、『人間の世界の六〇億万年が、この奈落ではたったの一日だ、いつになったら終わるんだ』、ということ。二人目が『お』と言ったのは、『終わりがないわけじゃないが、いつになったらここから抜け出せるのかは分からん』、ということ。三人目が『あ』と言ったのは、『ああ、生きていくためには何とかしなきゃならなかったんだ、だから自分の心を抑えることができずに、三尊を供養するために貯えられていた財産を奪ってしまったんじゃないか。愚かで欲張りなことだったけれど、どうしてもそれを抑えることができなかったんだ。今さら後悔したところで何になる』、ということ。四人目が『い』と言ったのは、『生きるのに〔精一杯で〕おれは誠実じゃなかった、おれの財産が他人のものになってしまった、それが苦痛でたまらないんだ』、ということ。五人目が『だ』と言ったのは、『誰がおれを守ってくれて、この地獄から助け出してくれるんだ、おれはもう決して道《おしえ》によって禁じられていることはしない、もし天人の間に生まれ変わることができたら、どんなに楽しいことだろう』、ということ。六人目が『あれ』と言ったのは、『あれは最初からもくろんでやったことじゃない、譬えてみれば、馬車を走らせていたらひどい道に迷い込んでしまい、車軸が折れてしまって、悔やんでも、修理ができなくなってしまったみたいなものなんだ』、と言いたかったのだよ」。

〔以下に〕羅漢にまつわる話を七篇選んで掲げる。

55（64）手に入れた宝は鉛や錫

昔、仏陀が舎利弗《シャリホツ》を西方の維衛仏《いえいぶつ》の荘厳な国に遣わしたことがあった。仏陀についての三つのこと、〔つまり〕仏陀の身は平穏かどうか、説法はいつものようかどうか、〔教えを〕受け容れる者は増えて、しかも向上するかどうかを訊ねてくるようにである。

舎利弗は、仏陀の人を畏れ従わせる力を受けてその国へ行き、〔仏陀の質問を〕伝えた。維衛仏はこう答えた、「すべては平穏である」。そして、阿惟越致《あゆいおっち》の法輪を転がして、七住の菩薩のために法《おしえ》を説いた。舎利弗はそれを聞くと、その国から還って来た。その姿や顔は光り輝き、いつもより速く歩いてきた。

仏陀が舎利弗に言った、「あそこへ行ったからといって、どうしてそんなふうに悦ばしそうに歩いているのだね？」舎利弗が仏陀に言った、「譬えてみれば飢えて凍えている貧しい男が、須《しゅ》彌山《みせん》のような莫大で珍しい宝物を手に入れたようなもので、どうして歓ばずにいられましょうか」。〔すると、〕仏陀が言った、「それは良かった」。舎利弗が言った、「あちらの国へ行きまして、維衛仏が阿惟越致《あゆいおっち》の奥深い教えを説くのを聞くことができたのです。それで欣びのあまりに踊り出してしまい、自分を抑えることができなくなってしまったのです」。仏陀が言った、「それは良かった。お前の言う通りだ」。

〔さらに続けて〕仏陀が舎利弗に言った、「譬えば、あの大金持ちで徳高い在家の信者が紫色を帯びた最高品質の金や摩尼《まに》〔宝〕珠だけを宝物だと思って、その他家にある銅や鉄や鉛や錫を掃き出して、外にある堆肥の上に棄てたときに、〔たまたま〕通りかかった貧しい男が大喜びでそれを拾って持ち帰り、『あの大金持ちの宝をこんなにたくさん手に入れたぞ』と言ったとしよう。

〔そんなところで手に入れたものは〕金持ちの持つ珍しい宝物とは言えないのではないか」。〔舎利弗が〕答えて言った、「おっしゃるとおりです」。

仏陀が舎利弗に語った、「お前が聞いてきたことは、その貧しい男が〔手に入れたものと〕同じようなものなのだ。維衛仏が説いたのは十住に関することと清浄になる方法だけであって、お前が聞いてきたことは強いて言いつのるようなことではないのだよ」。舎利弗はすっかりしょげ返ってしまい、「宝を手に入れたと思ったのに、鉛や錫だったとは」と言ったように思えた。

舎利弗がそんなことを語っていたとき、無数の人たちが皆、無上平等度意を得、無数の人たちが阿惟顔《あゆいげん》の境地に達したのである。

56（65）仏陀にたしなめられた目連

昔、摩訶《まか》目揵連が木の下にすわって自分の道眼を試したことがあった。〔そのとき、〕八千の仏陀の国を見〔ることができ〕たので、つい口がすべって、こう言った、「如来だって私ほど見えるわけではないだろう」。〔そして、〕誇らしげに堂々と歩きながら仏陀のところへ行った。〔すると、〕仏陀が目連に話しかけた、「お前は〔まだ私の教えを受けなければならない〕小乗の弟子なのに、今日はどうしてそんなふうに偉そうに堂々と歩いているのだね？」目連が仏陀に言った、「私には八つの方向に八千の仏陀の国が見えるのです。仏陀《あなた》でも私ほど見えるわけはないだろうと思って、それで誇らしげに堂々と歩いているのですよ」。〔それを聞いて〕仏陀が言った、「それは素晴らしいことだ、目連よ。お前が見るところは広大には違いない」。

仏陀は〔さらに続けて〕目連に話しかけた、「〔しかし、〕それは言ってみれば灯明みたいなものだ。摩尼と比べれば、その違いたるや甚だしいものがある」。仏陀は〔さらにこう〕言った、「私の目には十方にそれぞれ十のガンジス河にある砂ほどの〔無数の〕国が見える。その一つの砂は一人の仏陀の国で、その中にある一切のものもことごとく見えるのだ。兜術天《とじゅってん》から〔下って〕母の胎内に入ろうとしている者もいれば、生まれた者もいるし、出家して修行している者も、悪魔を取り鎮めている者もいる。帝釈天や梵天に助言や助けを求めに来る者もいれば、法輪を転がしてあらゆる説法をしている者も、完全な涅槃に入ろうとしている者も、〔さらには〕すでに完全な涅槃に入って身体を焼いてしまった者もいる。そういう者たちの数は、とうてい数えることなど不可能なほどだ。私はこの眼でそのすべてを見ることができるのだよ」。

〔そう言い終えると〕仏陀は眉間の毫相《ごうそう》から光を放って上方を隈なく照らし、身体から光を放って八方の隅々を残らず照らし、足の下からも光明を放って、下の方にある百千の国をそれぞれ照らし出した。するとすぐさま、十方にある諸国が、六通りに震動し、大いなる光は何ものにも邪魔されずにすべてを照らし出したのである。そのとき目揵連は仏陀の前にいて、数知れぬガンジス河の砂ほどに気の遠くなるような数の国を見たのであった。それぞれの国の中〔の様子〕は、先ほど仏陀が話してくれたのと同じであった。

〔目連が〕仏陀に言った、「仏陀《あなた》は十のガンジス河にある砂ほどの数の国のことを話してくださいましたが、今仏陀《あなた》が〔私の目の前に〕現わしてくださったのが、それなのでしょうか」。〔すると〕仏陀が目連に言った、「お前が信じようとしないから、少しだけ見せてやったのだ。今の私に現わすことができるのはとてもこんなものではなくて、それこそ数え上げることなどできないのだよ」。

摩訶目揵連はそれを聞くと、大きな山が崩れるかのようにへなへなと尻餅をついてしまった。〔そして、〕大声をあげて泣きながら言った、「仏陀《あなた》にこのような功徳があるということは知っているつもりでいましたが、それがこれほどのものであるとは、今初めて知りました。いっそのこと〔こんな至らぬ〕私に、奈落に行けとお命じになってください。これほどのお方ですらやがてはお亡くなりになってしまうのだとするなら、〔たとえ奈落で〕百劫〔という気の遠くなるような時間〕を過ごさなければならないとしても、〔どっちみちあなたの側にはいられなくなるのですから、〕私は羅漢になどなりたいとは思いません」。

目連はさらに続けてそこにいる人たちに言った、「世尊は私が神足第一だと言ってくださいますが、まだまだ言うほどのことではありません。することも功徳もそれには遠く及びません。ましてや、まだ〔何も〕得ていない者などは問題外なのではないでしょうか。悟りを求める心も振舞いも仏陀のように志さなければならないのです。〔成長することのできない〕腐った種子のような私の真似など、どうかなさらないでください」。

そこにいた龍神や無数の人々はみな無上平等度意を得、悟りを得ようという揺るぎない心を起こした者はすぐに阿惟越致《あゆいおっち》を得た。すでに固い決心のもとに修行をしている者は阿惟顔《あゆいげん》の境地に達したのであった。

57（66）天神になった龍王

昔、抜抵《バッテイ》という名の龍王がいた。相手を恐れさせる絶大な力を持ち、何でもできる超能力を備えていたが、感情を抑えられずにすぐカッとなり、暴虐の限りを尽くすこともたびたびであった。〔手下の〕龍たちを集めては非法を行ない、風雨を起こしたり、雷を落としたり、大きな雹を降らせて、人々はもとより鳥や獣、果てはうごめく虫までも殺すことが度重なっていた。

〔そうしたことが〕数え切れぬほど続いたので、〔あるとき、〕一万人の羅漢たちが集まり、相談してこう言った、「一人を殺しても一劫という〔気が遠くなるような〕長い間地獄に落ちるというのだから、〔あの龍が犯している罪は、〕たとえ百回死罪に処したとしてもとうてい償うことのできないものだ。今あの龍は前後の見境いもなく、生きとし生けるものを傷つけ殺している。ついには、やめるどころかますます〔罪を〕重ねて、教え導くのが難しくなってしまうかも知れない。〔ここはひとつ〕皆で出かけて行き、諫めてやめさせようではないか」。

そのことを知った仏陀が褒め称えて、こう言った、「それは善いことだ。お前たちは出家し、生滅変化することのない真理を求めている。危険にさらされている一切の命を救おうと願って、罪ある者を教えさとすことは、実に素晴らしいことだ。〔必ずや〕恩に報いてくれることだろう」。

そこで羅漢たちは〔また〕自分たちで相談してこう言った、「〔一人で行ったのでは〕力が足りないだろうから、とにかく一万人がそろって行くことにしよう」。そうしてさらに〔皆をうしろに控えて〕一人ずつが交替で歩み出たのだが、たちまちひどい目に遭わされ、それ以上前に進むことはできなかった。〔それぞれが〕還って来るとまた皆で相談して言った、「独りずつで行ってもとうていあの龍を打ち負かして従わせ、善いことをするように改めさせることはできない。一万人の功徳を結集すべきだ」。こうしてみんなで行くことに決めると、すぐにまたそろって歩み出した。龍は風を起こし、雨を降らせ、雹をばら撒き、ひっきりなしに雷を落とした。一万人〔の羅漢たち〕は恐怖のあまりに、どこへ逃げたらいいのかも分からず、さんざんに辱しめを受け苦しめられて逃げ還って来た。

〔見かねた〕阿難が仏陀に言った、「あの龍は〔これまでも〕人や動物を殺しまくっており、その罪は大きすぎて、数え上げることもできないほどです。〔それなのに〕今また雹を降らせて一万人の羅漢たちを恐怖のどん底に突き落とし、雨のせいでその衣は溺れている者と何ら変わるところがないようなありさまです。その罪は深く大きくて、とうてい計り知ることはできません」。

そのとき仏陀は耆闍崛山《ぎじゃくつせん》に、一万人の菩薩、一万人の羅漢とともにいたのだが、すぐに龍のいる別の山に向かった。〔仏陀がやって来るのを見た〕龍は目をむいて怒り、たちまち土砂降りの雨を降らせ、ひっきりなしに雷を落とし、雹を降らせた。その雹は一つが四〇丈もあり、地面に落ちると四尺の深さにめり込んでしまうほどのものであった。それで仏陀や菩薩や僧たちを殺そうとしたのだ。〔ところが〕その雹が落ちて来ると空中に止まって、美しい天の花に化したのである。仏陀は光明を放ってあたりを広く照らし出した。山中で猟をしていて、〔厚い〕雲や〔激しい〕雨に遭い、真っ暗闇の中で、どちらに行ったらいいのか分からずに迷っていた一万人余りの人々が、皆その光を尋ねて仏陀のいるところにやって来た。

龍はまたもや雷を落とし、四〇丈もある大きな石を投げつけた。その石は地面に落ちれば四〇丈もめり込むほどのものであったが、それも仏陀の頭上にとどまり、先ほどの花といっしょになって〔大きな〕花傘となってしまった。小さな龍たちも一丈の雹や石を落としたが、それもすべて同じように〔花傘に〕なってしまった。前に龍の引き起こした異変を見ていた羅漢たちは、恐怖を覚えながらも前に進み出て、仏陀のそばに近寄った。

雹や石が花傘になってしまったのを雲の切れ間からその目で見た龍は、〔その身を〕虚空にとどめ横たえた。こんなふうに思ったのだ、「この身を堅く丸め、四〇丈の塊となって、仏陀や僧たちの上に落ちてやる」。〔そう思うや否や〕すぐさま〔仏陀めがけて〕落ちていったが、当たらずに〔地上に落ち〕、体中に激しい痛みを感じ、しばらくの間そのまま倒れ伏していた。〔やがて〕頭を上げ、目を開けて、仏陀を仰ぎ見た。「おれのやったことがことごとく失敗したからには、この人は類まれな神のような人なのであろうか」。そのとき小さな龍たちも残らず落ちてきて、身動きができなくなっていた。

　龍王はそのときその場で命を終えるとともに、〔最後の瞬間の懺悔によって〕天神に生まれ変わった。小さな龍たちもみな、いっしょに命を終えて、天神の子となった。そして、打ち揃って天から下りて来て、仏陀のそばにとどまった。

　仏陀が阿難に言った、「この天神たちがどこから転生してきたか、お前には分かるかな」。〔阿難が〕応えて言った、「まったく分かりません」。〔すると〕仏陀は言った、「さきほど悪意を起こした龍王もその手下たちも、お前に言わせれば、その罪は計り知れぬほど大きい。〔しかし、〕地面に落ちたときに善い心を起こし、仏陀は尊いのだということを知ったので、命が尽きて天神となったのだ。ここにいる者たちがそれなのだよ」。〔龍王であった〕天神はそれを聞いて仏陀に言った、「この天神の子たちも皆、無上平等度意を得たのです」。

　そのとき、山の中にいて、仏陀のそばにやって来た狩人たちは、誰もがこう思った、「この龍の〔犯した〕罪でさえ〔こうして〕解き放たれるのだ。おれたちが犯した殺生など、この龍と比べればたいしたことではないのではないか」。〔そう思って〕仏陀の教えを信じようという気持ちを起こしかけたが、それでもなお心はためらっていた。

〔その様子を見て〕仏陀が阿難に言った、「ここにいる一万人の羅漢たちは、〔龍の〕罪を改めさせようとしたが、力及ばなかった。もし私がいなかったら、龍にやられてしまっていたことだろう。悪を制することができなければ、その罪はますます大きくなるばかりだ。一切〔の生きとし生けるもの〕を救いたいと思うならば、まず心を静かに保ち、集中して深く考えなければならない。そうして初めて、行なうことができるようになるものなのだ。お前たちにはそれができなかったわけだが、怛薩阿竭《タサアカ》には、〔お前たちが〕救えなかった者を救うことができるのだよ」。そのとき、そのように説かれるのを聞いた狩人たちは皆、無上平等度意を得た。天龍や人々を始め、その場に居合わせた者たちは、仏陀の説く経《おしえ》を聞いて、ひとり残らず阿惟越致《あゆいおっち》を得た。

昔、この龍王抜抵は釈迦文《シャーキャムニ》仏と同じように婆羅門であった。抜抵の弟子はあるときには一万人もいたが、それが釈迦文《シャーキャムニ》の人柄や才能を見て、たちまちのうちにその師を捨て去り、釈迦文に仕えたのである。抜抵は怒りを覚え、悪意を抱いて、とうとう龍になってしまった。〔釈迦文は〕すでに仏陀になっていて、その徳によって一切の〔生きとし生ける〕ものを何度も教え導いていたので、〔かつて抜抵の〕弟子であった一万の者たちも、そろって羅漢となることができたのだ。〔それを知った〕龍はついに悪意を爆発させ、〔彼らを〕殺してやろうと思うようになった。一万人の者たちはそれを憐れに思い、心を傷めて、〔龍を〕教え導きに行こうとした。〔しかし、龍は、〕かつて一度は〔彼らの〕師であったからこそ、〔煩悩を滅して完全な悟りに至る〕四つの道は心得ていたものの、なおさら屈辱を受けたというわけなのである。〔しかし、相手が〕菩薩であったので、たとえ龍が危害を加えようとしても、ついにそうすることはできなかったのだ。

58（67）誉められて改心した人々

昔、ある国があった。住人の勢いは盛んであったが、男と言わず女と言わず、大人も子供も悪事を行なうのが好きで、その性質といい振舞いといい、感情を抑えることができず、凶暴で救い難いものがあった。仏陀は弟子たちを連れて、その隣りの国に来ており、五百人の羅漢たちの心は〔その国の人びとを改心させずにはおくものかと〕おのずと高ぶっていた。

摩訶目犍連が進み出て仏陀に言った、「私が出かけて行って人々を悟らせてやりたいのですが」。仏陀はすぐにそれを聞き入れた。〔目連は〕出かけて行き、経道《おしえ》を説いて、言った、「善いことをしなさい、悪事を重ねれば、その罪は計り知れないものになってしまいますよ」。〔すると〕その国の人たちが襲い掛かってきて、皆いっしょになって〔彼を〕打ち据え罵り、その教えに従おうとはしなかったので、〔目連は仕方なく〕還って来た。

〔すると、〕舎利弗が目揵連に言った、「人々を教え〔導き〕たければ智恵を使わなければだめだ。そうしないとそしられるだけだ」。〔それから〕舎利弗は仏陀に言った、「私が行って人々を悟りに導いてきましょう」。仏陀はまた、教えを説き、さとすために〔彼が〕出かけることを聞き入れた。〔しかし人々は〕また従わず、〔舎利弗は〕唾をかけられ、侮辱され〔て還って来〕た。〔次いで〕摩訶迦葉《カショウ》と弟子たち五百人が順番に出かけて行ったが、〔やはり〕人々を教え導くことはできず、誰も彼も軽んじられ、そしられただけであった。

阿難が仏陀に言った、「あの国の人たちは悪人で、善い教えを受け容れず、多くの者を侮辱しました。一人の羅漢を辱しめても、その罪は数え切れないほどなのに、〔多くの〕人の教えに背き逆らっているのですから、虚空も容れることのできない重い罪を得たことは間違いありません」。〔すると、〕仏陀が言った、「その罪は深く重いものであるけれど、菩薩にやらせてみれば、結局は無罪となるであろう」。〔そう言うと〕仏陀は、出かけて〔彼らを〕世俗的な迷いから救い出してくるようにと、文殊師利《もんじゅしり》を行かせた。

その国に到着すると、〔文殊は〕すべてを讃嘆して、こう言った、「賢い人のすることは何と喜ばしいのだろう」。〔そして、〕王のもとを訪れ、みなを賞讃して誉め、老若男女を問わずすべての人びとに伝えて、誰それは勇敢で元気が良い、誰それは思いやりがあるし、親思いである、誰それは肝っ玉がすわっているし智恵もある、と言った。どこにいるかに応じて、意のままに感心したり誉めたりしてみせたので、みんなは大歓びをし、気持ちを抑えられなくなって、「あの人の言うことには人の能力を超えた不思議な力があって、おれたちの変わらぬ志を知っている。実に喜ばしく、良い気分だ」。

人々は高価な品々や香や花を持って来て菩薩の頭上に撒き散らした。誰もが見事な綿布や錦や綵《あやぎぬ》や衣服、歯切れが良くおいしいごちそうや飲み物をもって来て、菩薩をもてなした。みんな、無上平等度意を得た。

〔機を見て〕文殊師利は人々に言った、「こうして私に飲食の世話をしてくれるより、わが師の世話をしてくれるほうがずっと良い。わが師は仏陀とおっしゃる方で、行って共にお世話すれば、その福はどれほどになるか計り知れないほどだ」。みんなは大変に悦び、文殊師利について仏陀のもとへ行った。

仏陀が〔みんなの〕ために経《おしえ》を説くと、〔彼*らは〕すぐに阿惟越致《あゆいおっち》を得た。三千国土が大いに震動し、山林や樹木がみな褒め称える言葉をささやきあった。文殊師利はこうして見事に教え導いたのであった。

仏陀が阿難に言った、「〔お前の言った〕深くて大きな罪は、今はいったいどこへ行ってしまったのだろうね」。

五百人の羅漢たちはへなへなと倒れ込み、涙を流し〔て言っ〕た、「菩薩の威力にこれほどのことを成し遂げることができるとは！　如来ならばなおさらのこと、その力は言葉では言い表わせないものなのではないでしょうか。私たちは腐った種子〔のようなもの〕であって、何の役にも立たなかったということなのですね」。

＊「ささやきあった」の原文は「⿰口蔡」。脚注の「⿰口祭」の字を採る。

59（68）仏陀の愁いが喜びに変わる

昔、仏陀が樹下にすわっていたとき、仏陀は無数の人々を相手に法《おしえ》を説いた。〔人々の〕中には須陀洹《しゅだおん》を得た者もあれば、斯陀含《しだごん》を得た者も、阿那含《あなごん》を得た者もあり、羅漢となった者もいた。〔かくして〕そうした人々の数は数え切れぬほどになった。ところが、仏陀の顔色には澄んだ明るい光が見られなかった。まるで愁いに満ちているようであった。

阿難は仏陀の考えていることに深く思いを巡らせると、両膝をつけてうやうやしく礼をして、言った、「仏陀《あなた》にお仕えするようになって八年になりますが、仏陀《あなた》のお顔に今日ほど光明がないのを見たことは一度もありません。仏陀《あなた》をそんなふうに変えてしまうような、何か変わったことでもあったのでしょうか？　今日、誰か過ちを犯した者がいたのでしょうか？　それとも、悪事を行なって地獄に堕ちた者がいたのでしょうか？　誰かが究極の真理に背を向けてしまったのでしょうか？」

仏陀が阿難に言った、「商人がたくさんの珍しい宝物や数千万〔の商品〕を持って、利益を求めて遠方に旅立ったとしよう。途中で盗賊に遭って財宝を失ったうえに、裸にされて自活することさえできなくなったとしたら、心細くてふさぎ込んでしまうことはないだろうか？」阿難は仏陀に言った、「その心細さといったら、それはたいへんなものでしょうね」。仏陀が阿難に言った、「私は遙かな遠い昔から苦労しながら修行に励んできた。一切の人々を救い、教え導いて、皆を仏陀にしたいと思っている。私は今、すでにこの身は仏陀となったけれども、〔それと同じ〕功徳を得た者は一人もいない。そういうわけで、こうして鬱々として顔色も変わってしまったのだ」。

〔すると〕阿難が仏陀に言った、「今、仏陀《あなた》の弟子の中には羅漢となった者が、過去にも今現在にも、これからやって来る者たちの中にも数え切れないほどいるではありませんか。阿那含や斯陀含や須陀洹を得た者だって数え切れぬほどいるではありませんか。功徳によって教え導いた者はいないなどと、どうしておっしゃるのですか？」仏陀が阿難に言った、「老夫婦が女ばかり十数人をもうけたとしよう。〔その娘たちは〕家を守り、一家を成すことができるだろうか」。阿難が言った、「できません」。仏陀が言った、「私の法《おしえ》によって羅漢が無数に生まれたとしても、それでもそれは私の子ではないのだ。〔そういう者が何人〕集まって樹の下にすわったとしても、仏陀にはなれない。〔さっき言ったように〕女の子が生まれたとしよう。それがいくらたくさんいたとしても、〔みんな〕嫁に行ってしまうから、老夫婦は結局は孤独になってしまうのだ。私もそれと同じなのだよ」。

そう言うと仏陀は泣いた。涙が三滴流れ落ちた。〔そのとき、〕三千世界が大いに震動し、無数の天〔神〕や龍神や人々がそろって無上平等度意を得た。〔すると〕すぐに仏陀の顔が端正になり、悦びに満ちて美しくなり、無数の光明が千変万化して十方を隅々まで照らし出し、いつもとはまったく違って見えた。その光を見た者に、救い導かれない者は一人もいなかった。

阿難が仏陀に言った、「どうしてそのように幾重にも光り輝き、計り知れない不思議な変化が起き、美しいお顔になったのですか?」仏陀が阿難に言った、「あの老夫婦と同じように、願掛けをして天を祠《まつ》り、地に祈って子を求めたので、晩年になってようやく男の子が生まれたのだ。〔これで〕家をまっすぐに立てることができる。どうして歓喜せずにいられようか。おのずとねぎらい喜ばずにいられようか。今、一切の人々が摩訶衍《まかえん》の心を発したのだ。それが心踊る理由だ。仏陀の種が決して絶えることはないからなのだよ」。

〔そう言うと〕仏陀は須摩提《しゅまだい》菩薩を六十億のガンジス河にある砂の数ほどの国に行かせた。それらの国に行って、獅子座や飲食に使ういろいろな道具を持って来るようにと頼んだのである。腕を伸ばす〔か伸ばさないかくらいのあっと言う〕間に菩薩は戻って来た。

〔仏陀は〕その獅子座を飾り、高く広くして、すべての人たちをそこに招いた。その場にやって来ない者は誰一人としていなかった。無上平等度意を得た者たちは自然と皆、千枚もの葉で飾られた黄金の蓮華の獅子座にすわった。七宝で作られた帳の中や七宝の樹の下にすわっている者たちもいる。七宝の柄のついた幢幡《はた》がまっすぐに立っていた。幡《はた》は天の錦でできており、花傘には天の絵が描かれていた。仏陀はすぐに大千国土を沐浴のできる池に変えた。七宝の蓮華がその中に満ちていた。仏陀はみずから変身して菩薩となり、あるいはまた帝釈天や梵天や四天王になって、広く寄進をしてくれる人々のためにあらゆる飲食の世話をした。あらゆる味のごちそうが揃い、その香りが十方の隅々にまで届いた。その香りをかいだ者は、ひとり残らず無上平等度意を得た。その香りは体の隅々にまで染み渡り、毛穴から出てきた。毛穴から出て広がっていった香りをかいだ者も無上平等度意を得た。

　十方の最果てにある国々までもが大いに震動し、それらの国々の諸仏が、釈迦文に祝賀を伝えさせるために、左右に控える尊い菩薩を派遣した。なぜなら、多くの人々が菩薩の心を起こしたからであった。その中には紫色を帯びた最高品質の金でできた蓮花を持って来た者もいたし、摩尼宝の蓮花を持って来た者も、明月のように輝く美しい珠でできた蓮花を持って来た者もいた。それぞれがいろいろな尊い宝の蓮花を持って来て、仏陀の頭上に撒き散らした。仏陀のすばらしい力によって、散らされた蓮花はすべて合わさって花傘となり、十方の無数の国々をあまねく覆った。その花傘は光り輝いて、諸国を照らし出し、暗く閉ざされた場所や奈落さえも明るくなった。

　道端に生えている花や鳥や獣や〔馬・牛・羊・鶏・犬・豚といった〕六種の家畜も大きな望みを抱き、仏陀はそこにいる一切のもののために経《おしえ》を説いた。菩薩で阿惟顔《あゆいげん》の境地に達した者は数知れず、無所従《むしょじゅう》生法忍《しょうほうにん》を得た天人も無数におり、阿惟越致《あゆいおっち》を得た龍神や人々の数も数え切れないほどであった。さらに、すべての菩薩や僧たちが皆、無上平等度意を得たのであった。

60（69）仏陀に捧げ物をする少年

昔、貧しくて生活に苦しんでいる少年がいた。他国へ行ったときに甘い果物を一つ手に入れた。香りもよく、大きくて、そう滅多やたらに手に入るものではなかった。〔少年は〕その果物を大切にして〔自分では〕食べようとせず、両親にあげようと思って、〔故郷の〕*維耶離《イヤリ》に帰ろうとした。

ちょうどそのとき、仏陀が大勢の菩薩や弟子たちといっしょにその町にやって来た。長者の家に行き、その招待に応じるためであった。仏陀はたまたま、立ち去ろうとしているその少年のそばを通って、〔長者の〕家に向かった。少年は手に持っていた果物を、仏陀が歩いたところに置いた。小さい頃から今まで、仏陀のことは聞いたこともなかったし、〔もちろん〕その足跡も見たことなどなかった。〔そこにくっきりと現われている〕輪は〔地面の〕蓋のように光を放ち、色がさまざまに変化し、欠けているところがなかった。

〔少年は〕その足跡のそばに立ってじっと見ていたが、飽きるということがなかった。自然と、思いもかけなかった幸せを心に感じ、悲しみも喜びも消えていた。地面を歩く足跡でさえこんなに素晴らしいのだから、あの人はこの世に類まれな人に違いない、あの人は行ってしまったけれど、必ずまた戻って来るはずだ、父さんと母さんにあげようと思っていたこの果物を取っておいて、あの人が来るのを待って、これを差し上げよう〔と、少年は思った〕。

仏陀はなかなか戻って来ない。少年は足跡のそばにすわって、悲しみに暮れ、涙を流した。道を歩いている人がやって来て、少年に尋ねた、「果物を手に、そんなところにすわって悲しんでいるのは、どうしてなんだい？」〔少年は〕答えて言った、「このとっても尊い足跡を守って、待っているんだよ。神のようなあの人に戻って来てほしいと思っているんだ。この果物を差し上げたいんだよ。〔ここで〕待っていて、輝くような顔を見たいんだけれど、まだ願いがかなわなくて、どうしたらいいか分からないから悲しんでいるんだ」。

〔そうこうしているうちに、〕物問いたげな道行く人が雲のごとくに集まって来て、「どうもこの子の言うことは無茶苦茶でばかばかしくっていけない。あの人が戻って来るなんて分かりもしないのに、どうしてここで待っているんだ？」〔と言い合った〕。

〔そのころ〕仏陀はもてなしてくれる長者の家に着いて、すわっていた。大勢の僧たちも手を洗い、口をすすいで、そろって席についた。長者の召使いたちが食事の世話をした。さまざまな味は申し分なく、すべてが備わっていた。〔その間〕仏陀は、道端で足跡を守ってじっと立ち尽くしたまま果物を持って仏陀に差し上げようとしている少年に〔報いるために〕、遙か彼方から説法をしていた。

やがて、食事が終わった。檀越《だんおつ》〔である長者〕は思った、「世尊は姿の見えない者に説法をしておられる。外で果物を手にしている者を遙か彼方から祝福しておられる。私のおもてなしに、どこかよくないところがあったのだろうか」。

仏陀が阿難に言った、「長者が用意してくれたごちそうには、幸いを与えようとするところがある。〔だから、〕長者がすることには、確かに広い心からなされてはいるのだが、乞い願うところがある。その心には〔生老病死の〕四つの懼れがあり、〔布施をすることによって〕悟りを開きたいと願っている。〔それに比べると、〕甘い果物を手に持って外にいる少年は、ただひたすら私の足跡を守り続け、慈悲の心で私〔が戻るの〕を待っていて、その果物を私に手渡そうとしている。思いをすべてそこに集中することによって、私の教えを信じようとする大いなる気持ちが芽生え始めているので、私はここにすわりながら、遙か彼方にいるその少年のために説法をしていたのだ」。

〔それを聞いた〕長者は思いを巡らせて言った、「その人の施しは果物だけで、珍しいものは何もない。〔それなのに〕仏陀はその徳にひどく感じ入り、すぐれて美しいと思われている。私は大金持ちで、用意したものはあり余るほどであったが、損得を考えていたから、福は〔その人に〕及ばないのだ。仏陀について行って、その人に会ってみたいものだ」。

〔やがて〕仏陀は立ち上がり、足跡を守っている少年のもとへ向かった。菩薩を始めとし、弟子たち、長者、在家の修行者、それにたくさんの人々がそのあとに続いた。

果物を持つ少年は仏陀がやって来るのを遙かに見た。その姿はじつに美しく、〔体から出る〕光は太陽や月をも凌いでいた。〔少年は〕すぐに進み出て仏陀を迎え、頭を地面につけて挨拶をした。〔そして、〕両膝をついたまま果物を仏陀に差し上げると、すぐに無上平等度意を得た。仏陀は光明を放ってあたりを隈なく照らし、三千世界が大振動を起こした。十方にいる仏陀たちや菩薩たちが皆すぐに現われ、鏡に映る像のように、遠近を問わず見えないものは何もなかった。

仏陀は果物を受け取り、それを〔十方の〕仏陀たちに次々と与えていった。たった一つの果物を隅々まで行き渡らせたのだ。十方の仏陀たちや菩薩たちは、それぞれが袈裟から金色に輝く手を差し延べ、それらが千億の炎を放った。その一つずつの炎の先に、それぞれ自然に蓮の花の形をした宝珠が現われ、それらが合わさって帳と獅子座になった。その上に坐があり、仏陀や菩薩たちは皆、立派な鉢を手にしてその果物を受け取った。それぞれが一つずつの果物を持っていた。計り知ることのできない不思議な布施がなされたのである。

釈迦文仏も同じように〔果物を手に持ち〕、この世にいながら十方を照らし出していた。虚空にはびっしりと〔天〕神や天人が満ち、八方にも上下にも隙間がなかった。皆が歓喜し、感嘆し、称賛した。〔こうして〕三界の菩薩たちが皆、供養を受けたのだ。そのとき、果物を差し上げた者が不起忍《ふきにん》を得ると、仏陀は、〔この少年は〕のちに果尊《カツン》王という名の仏陀になって、無上の正しい完全な悟り〔の境地〕に達し、その治める国土は阿弥陀の国のようになるであろうと予言した。

仏陀のその声が聞こえたすべての国では、〔人々の心が〕おのずと清らかになり、皆、阿惟願《あゆいげん》を得た。長者や在家の修行者や仏陀の教えに従う者たちが何千人も、もはや退くことのない境地に〔達したのだ。仏陀の〕大きな度量や徳は〔実に〕それほどのものなのである。

＊「維耶離」の原文は「耶離」。脚注により「維」を補足。

61（70）仏陀の教えに従って豚の身に生まれ変わるのを免れた天人

昔、仏陀が第二〔天である〕忉利天《とうりてん》に上って、母のために経《おしえ》を説いたことがあった。〔ちょうど〕そのとき、ある天〔人〕の寿命が今にも尽きそうになり、それに伴なう七つのことが生じてきた。第一にうなじの光が消え始め、第二に頭の上を飾っている花がしおれ、第三に顔色が変わり、第四に衣の上に塵がつき、第五に腋の下に汗をかき、第六に体がやせ、第七に自分の座から離れるのである。

天人は一心に思いを巡らせた。寿命が尽きたら天にあるこの座も、七宝でできた館も、沐浴する池や庭園の果物も、自然のままに手に入る食べ物や飲み物も、巧みな技を持つ女たちの楽しみも、〔そのすべてを〕棄てなければならない。そのうえ、拘夷那竭《クイナカ》国に生まれて、疥癬持ちで癩にかかっている豚の腹の中に宿って、その仔にならなければならぬ。あまりのことにわびしく心もふさがって、どうしたらいいのか分からない。この罪から逃れる方法は何かないものだろうか。〔そのとき〕ある天人がこう語りかけた、「今、仏陀がお母さんに経《おしえ》を説くためにここに来ていますよ。仏陀は過去と現在と未来の一切のものの救いです。仏陀だけがあなたを罪から抜け出させてくれるでしょう」。

〔それを聞いた天人は〕すぐに仏陀のもとへ行き、頭を地面につけて挨拶をした。まだ何も問い掛けないうちに、仏陀は天の子にこう言った、「一切の万物はみな無常に帰す。〔そんなことは〕もとより知っているはずなのに、どうしてそんなにふさぎ込んでいるのだ？」天人が仏陀に言った、「天上の福を長く保つことはできないと承知はしておりますものの、この〔天の〕座を離れて、疥癬持ちで癩にかかっている豚に宿って豚にならなければならないのが恨めしいのです。それがひどくこたえるのです。〔豚〕以外のものになれるのなら、何も恐れることはないのですが」。〔すると、〕仏陀が言った、「豚になりたくないのであれば、〔日に〕三度、自ら進んで、仏陀におすがりします、法におすがりします、比丘僧におすがりします、心から仏陀を信じます、心から法を信じます、心から比丘僧を信じます、と言うのだ」。言われたとおりに日に三度、天人は仏陀の教えに従って、朝晩、自ら進んで〔教えられた言葉を唱えた〕。

それから七日後のこと、天人の寿命は尽きて、維耶離《イヤリ》国に生まれ、長者の子になった。母の胎内にいるときにも日に三度、自ら進んで〔教えられた言葉を唱えていた〕。やっと生まれて地面に堕ちるとすぐに、自ら進んで跪いて〔三宝に帰依した〕。母親には出産後の悪露《おろ》もなかったので、母親のそばにいた女の召使いたちは〔それを見て〕恐怖に襲われ、〔二人を〕棄てて逃げてしまった。母親もまた、子供が〔生まれて〕地面に堕ちたとたんに口をきくとは、これは火星のせいだと深く怪しみ、殺してしまおうかと思ったが、思いとどまってこう考えた、「わたしの赤ちゃんは化け物みたいだけれど、もしこの子を殺してしまったら、〔この子の〕父親〔の長者〕が必ずやわたしを罰するだろう。長者に話してから殺しても遅くはない」。

〔そう考えると〕母親はすぐに赤ん坊を抱き上げて、長者のところへ行き、こう言った、「男の子を産んだのだけれど、地面に堕ちるとすぐに両膝をつき、両手を組んで、進んで三尊にすがったのよ。みんな怪しんで、火星のせいだと言っているわ」。〔ところが〕父親はこう言った、「いやいや、この子は非凡〔な子〕だ。人は生まれて、この世に百年、あるいは八九十年とどまるものだが、それでもなお自ら進んで三尊におすがりするには至らない。それに比べれば、この子は地面に〔生まれ〕堕ちてすぐに、仏陀におすがりしますと言ったのだ。大切に育てて見守り、決していい加減にしてはいけない」。

〔かくして〕その子は成長して七歳になった。〔近所の〕友だちと道端で遊んでいたとき、仏陀の弟子の舎利弗と摩訶目揵連がたまたまその子のそばを通りかかった。その子は進み出て、その足元にひれ伏し、言った、「ご挨拶申し上げます、舎利弗さま、摩訶目揵連さま」。

舎利弗と摩訶目揵連は、子供が比丘への挨拶の仕方を心得ていることに驚き怪しんだ。その子が言った、「道人《おふたり》はぼくのことが分からないんですか？　仏陀が天上でお母さんのために経《おしえ》を説いたとき、ぼくは天人のひとりで、豚に生まれ変わることになっていたんです。〔でも、〕仏陀の教えの通りに自分から進んでお願いしたから、〔こうやって〕人になれたんです」。

比丘《ふたり》は精神を集中して静かに考え、そのことを知ると、神秘的な力を持つ短い祈りの文句を唱えて、「咨梨祇《シリギ》」と言った。〔すると、〕男の子は目連と舎利弗に言った、「ぼくの願い通りに、世尊と菩薩や僧たちと、それにあなた方〔お二人〕をお招きしたいんですが」。目連と舎利弗はすぐにその申し出を受け入れた。

男の子はすぐ家に帰り、両親に言った、「友だちと遊んでいたときに仏陀の二人のお弟子さんが通るのを見たから、すぐに仏陀と、出家と在家の両方のお弟子さんたちを食事に招待してきたよ。おいしいごちそうを作ってあげてね」。両親はそれを愛でて、言われる通りにした。年に似合わず、すごいことを思いつくものだと不思議に思ったし、その振舞いによって〔自分の〕前世から定まっている運命を識ることができるのは非凡なことだと思った〔からであった。そこで両親は〕珍しくて、おいしいと評判の味を作り出すために、わが子の思いを遙かに超えたすばらしい食材を買い求めた。

仏陀と僧たちはそれぞれ功徳によって神足を使い、男の子の家にやって来て、食事をした。両親を始め、子供や大人たちが世話をし、〔食事が〕済むと香が焚かれ、手洗いのための水が用意された。法《きまり》に従ってすべてが終わると、仏陀が〔みんなの〕ために経《おしえ》を説いた。両親も男の子も父方母方双方の親族も、そのときみんな阿惟越致《あゆいおっち》を得た。

自ら進んで〔三尊にすがることによって得られる〕福は、このような悟りを得させてくれるのだ。ましてや、生涯、修行をし、教えに従うのであれば、なおさらのことである。

旧雑譬喩経巻下

用語・人名・国名等

〔岩本裕『日常佛教語』（中公新書）、三枝充悳・渡辺章悟『大智度論の物語』（第三文明社レグルス文庫。類話欄に挙げた大智度論からの物語はほとんどここに訳出されている）、早島鏡正『ゴータマ・ブッダ』（講談社学術文庫）、孫昌武・李賡揚『雑譬喩経訳注（四種）』（凡例三④）、国訳一切経『六度集経』（大東出版社）に付せられた脚注、中村元『広説佛教語大辞典』（東京書籍）などを参照して作成した。原文にはあるが、訳文中ではそのまま使わなかった語もいくつかある。その場合は、用語索引とみなしていただきたい。説明のあとの番号が経の番号（通し番号は省く）である〕

あ行

阿育王――アショーカ。マウリヤ王朝第三代の王。在位は紀元前二六八頃～二三二年。この王を基準に仏陀は紀元前四六三～三八三年とされる…14b、41

阿那含――煩悩を断ち切って迷いの世界に戻ることのない境地、またそういう境地に入った人。小乗仏教における修行者の階位（四向四果）の第三…32、59

阿那律――アニルッダ。十大弟子の一人で、仏陀のいとこ。天眼第一と言われた…27a、37

阿難――アーナンダ。十大弟子の一人で、仏陀のいとこ。多聞第一と言われた…8a、24、30、33、35、45、57、58、59

阿弥陀――西方にあるとされる極楽浄土を主宰する仏…60

阿惟越致――もはや退くことのない位。不退転。菩薩の階位の名称で、仏になることを約束されていて、再び悪趣や声聞、縁覚、凡夫の位に転落せず、また悟った法を失ったりしないこと。一大阿僧祇劫を経て達する位という。康僧会『六度集経』六四にも見える。cf.七住の菩薩…55、56、57、58、59、61

阿惟顔――阿鞞跋致とも。阿惟越致に同じ…55、56、59、60

阿羅漢――世の人々の尊敬を受けるに値する完全な人。小乗仏教において最高の悟りを得た者を意味し、修行者の理想とされた。四向四果の第四。cf.羅漢、応真…34、43b

維衛仏――過去七仏の第一の仏。ヴィパッシン。毘婆支仏…9a、55

一衣一食――一衣は糞掃衣と呼ばれる、捨てられたぼろきれを縫い合わせて作った一枚の衣をまとうこと。一食は一日に一度だけ、午前中に食事をする以外は一切の食べ物を口にしないことで、十二頭陀のひとつ…42d

五つの禍――五家を参照。

維耶離国――ヴァイシャーリー国…60、61

伊利沙――人名、イリサ…15

優婆塞――「在俗の信者」と訳した。ウパーサカ。女性の場合は優婆夷という…1、4

閻浮利地――閻浮提と同じ。須彌山の南の大地であるインドのこと…44

応真――阿羅漢、羅漢と同じ。応供ともいう…8b、9a

鬼――地獄で死者を扱う者、また、人力以上の力を持ち、人間に危害を加える者…40、46、52

か行

戒――仏教教団に入った者が守るべき基本的倫理…1、4、8ａ

餓鬼道――前生で悪業を作った者や貪欲であった者が死後に生まれて常に飢渇に苦しむ所…3

迦葉、大迦葉、摩訶迦葉――人名、カーシャパ。長老のひとりで、仏滅後に開かれた会議の中心となった…27ａ、58

迦葉仏――過去七仏の第六の仏。カーシャパ。仏陀は第七の仏である…34

火星――熒惑。火星がどの宿にあるかや逆行しているか否かなどによって吉凶さまざまに解釈されるようであるが、一般には災難など不吉な出来事を予兆するとされている…61

迦羅越――「徳高い在家の信者」と訳したが、二度目は話の流れから「あの大金持ち」とした。居士…55

完全な涅槃　↓　般泥洹（はつないおん）

耆闍崛山――霊鷲山。マガダ国の首都王舎城の東北にあり、仏陀が逗留して説法した山として名高い…57

拘夷那竭国――クシナガラ国。この郊外のサーラ園が仏陀入滅の地とされる…61

九十六種道家――「九六種の異教徒たち」と訳した。仏陀当時の代表的な六人の自由思想家である、いわゆる六師外道（異教徒。尼揵種を参照）に、後世、それぞれ一六人の弟子がいたとされ、その計九六人から発した異教徒たちのこと。五百年前後に漢訳された『薩婆多毘尼毘婆沙』巻五「第二十事」によると、各師にそれぞれ一五種の教えがあったが師自身にはまた別の法があって、それを死に臨んで一人の弟子に授けたので、計一六種の教えが各師にあることになり、六師で合計九六種となるという。支婁迦讖訳『雑譬喩経』一二にも出る。康孟詳『中本起経』一〇には「九十六術」として出る。九五種とする説もある（『大般涅槃経』一〇「一切大衆所問品」、慧皎『高僧伝』巻七「宋の寿春の石磵寺の釈僧導」）…44

魚身――人名…34

斤――重量単位。三国魏晋期で二二二グラム。百斤は二二・二キログラムに相当…2

空――この世に存在するものはすべて因縁によって存在するようになったものであり、その不変の実体はないということ…1、15

腐った種子――敗種。ふつうは自分だけの悟りを求めたり、悟っても人に説こうとしない者のことであるが、本書では成長できない者、役に立たない者をさす…56、58

功徳――現在または未来に良い果報をもたらすような善い行ない、また、神仏の御利益…56、57、59、61

瞿曇――人名。仏陀の生家の姓ゴータマを音写したもの。もとはインド古代の仙人の名であるという。仏弟子以外が使うことが多い…31

外行家――外道（仏教以外の宗教）の修行者…42c

逆鱗――ふつうは龍の顎の下に逆さに生えているという鱗で、これに触れると龍は怒って人を殺すという…6

解脱――煩悩から解き放たれ、迷いの苦を脱すること…57

月女――人名…7

劫――一劫は四四里四方の大石を三年に一度布でふいて磨滅する時間で、四億三千二百万年とされる…9a、56、57

毫相――仏の三二相の一つ。眉間に右回りに生え、絶えず光を放つ毛。白毫…56

五家――「五つの禍」と訳した。王、賊、火、水、親不孝な子供のこと…12、15

五戒――禁じられている五つのこと。不殺生、不偸盗、不邪婬、不妄語、不飲酒。第一話に記される各戒の五神（計二五神）は『七仏八菩薩所説大陀羅尼神呪経』（『七仏経』と略称される）巻第四（大正蔵、第二一巻、No.1332、p.557b）に、また戒ごとではなくそれぞれの役割とともに『仏説潅頂経』（『潅頂経』と略称される）巻第三「仏説潅頂三帰五戒帯佩護身呪経」（大正蔵、第二一巻、No.1331、p.502c～503a）に記されている（『潅頂経』には二六神が記されている）。どちらも『法苑珠林』巻八八、受戒篇五戒部神衛部第六（大正蔵、第五三巻、No.2122、p.930b～931b）に引用されているが、『潅頂経』からは、底本の違いによるのであろう、二五神が記されている…1、4、9b、40、41

鵠――大白鳥…17、39a

斛――容量単位。隋代に入るまでは一九・四リットル。数を五～六とすると、数万斛は九七万～一一六万四千リットルに相当する…31

居士――在家の修行者。在俗のままで仏門に帰依した男…60

さ行

薩薄――「隊商を率いる商人、隊商主」と訳した。仏典以外では薩宝、薩保、薩甫などと書かれ、薩薄はサンスクリット語の音写、薩宝以下はソグド語の音写とされる（曽布川寛・吉田豊編『ソグド人の美術と言語』臨川書店、第1部参照）。ここに登場する薩薄も康僧会と同じくソグド人かも知れない…1

三悪道――悪業を犯した者が死後に行く地獄、餓鬼、畜生の三道のこと…9a、42a

三界――すべての生き物が生死流転する世界全体。欲界、色界、無色界からなる…42b、60

三千国土――三千世界のこと…58

三千世界――三千大千世界。須彌山を中心に日・月・四大洲・四大海・欲界の六天などを含めた世界を一世界とし、その千倍が小千世界、そのまた千倍が中千世界、その千倍が大千世界であり、その全体を三千（大千）世界という。ありとあらゆる世界…59、60

三尊――ふつうは三尊仏のことだが、ここでは仏宝僧の三宝のこと…1、5、54

四懼――生老病死…60

四空定――四空処（無色界における四領域で、空無辺処、識無辺処、無所有処、非想非非想処）に生まれるためにする禅定。空無辺処定、識無辺処定、無所有処定、非想非非想処定の四つの禅定のこと…42d

地獄――現世において罪業のある者が死後に落ちて苦悩を受ける世界…54

獅子座――仏陀が説法をするときにすわる座席…59

四姓――ヴァルナ（カーストは階級を表わすポルトガル語に由来）。古代インドの身分制度を表わす四つの種姓のことだが、本経では多くの場合、資産家をさしていると思われる…9a、13、15、25、27b、34、42a

四禅――四禅定。欲界の迷いを超えて色界（清らかな物質から成り立つ世界）に生じるための四段階の瞑想。初禅（分別と思慮がある状態）、第二禅（分別と思慮がなく喜びと安楽を感じる状態）、第三禅（喜びも安楽もなく心が平静な状態）、第四禅（心の平静によって念が清浄になった状態）…42d

四諦――四聖諦。苦・集・滅・道の四つ。人生は苦であり、その苦の原因は欲望にあり、その欲望を滅するには苦を克服しなければならないことを悟り、八聖道を実践しなければならないという教え。八聖道は正しく見る、正しく考える、正しく言う、正しく行動する、正しく生活する、正しく努力する、正しく修行の目的を心にとどめる、正しく瞑想するの八つ…1、15

斯陀含――一度だけ欲望の領域に戻って来る境地、またそういう人。一来。小乗仏教修行者の階位（四向四果）の第二…42d、59

七住の菩薩――第七住は不退（もとに戻らない）の段階で、七住の菩薩とは仏陀になることが約束されている菩薩のこと。cf.阿惟越致、十住…55

七宝――七珍とも。経典により異なるが、金、銀、瑠璃、真珠、瑪瑙、水晶、琥珀などのこと…59

四天王――帝釈天の配下で仏教の守護者。北方の多聞天、東方の持国天、南方の増長天、西方の広目天の四人であるが、五世紀初頭には順に鞞沙門《びしゃもん》（多聞）、提多羅吒《だいたらた》（治国）、毘流離《びるり》（増長）、毘流波叉《びるばしゃ》（雑語）と呼ばれていた（『大智度論』五四）。元来はヒンドゥー教における四方の守護神…43b、59

四道――煩悩を滅して完全な悟りに至る四つの道。準備として修行する加行道、煩悩を断ち切る無間道、真理を悟る解脱道、悟りを完成させる勝進道の四つの段階がある。経典によっては須陀洹、斯陀含、阿那含、阿羅漢を指すこともある…57

四輩――四衆。四種の会衆。比丘、比丘尼、優婆塞、優婆夷の四種の仏弟子のこと。「出家と在家の両方のお弟子さんたち」と訳した…61

舎衛国、舎衛城――シュラーヴァスティー。古代インド一六国のひとつコーサラ国の首都で、祇園精舎がある…8b、29、31

釈迦文、釈迦文仏――シャーキャムニ。釈迦族の聖者の意味で仏陀のこと…9a、57、60

尺――三国魏晋期で二四・二センチメートル。四尺は一メートル弱…57

沙彌――仏門に入って剃髪し、得度式を終えたばかりの二十歳未満の見習い僧…6、14a、32

沙門――出家して仏道を修行している男の総称。道人、比丘、羅漢、和上を指すこともある…3、4、6、7、8b、9a、9b、10、11、14a、14b、16、29、30、32、34、36、39b、41、42a、42b、43a、50、52、53

舎利――シャリーラの音訳。火葬にした遺骨を指すのがふつうだが、ここでは原意の「身体、肉体」ととる…56

舎利弗――人名、シャーリプッタ。十大弟子のひとりで、智恵第一と言われた…2、45、55、58、61

十住――菩薩の修行すべき五二段階のうち第一一位から第二〇位までをさす。発心住（初住）、治地住、修行住、生貴住、方便具足住、正心住、不退住、童真住、法王子住、潅頂住。十地ともいう。cf. 七住の菩薩…55

十善――十戒を破らないこと。十戒とは不殺生、不偸盗、不邪婬、不妄語、不悪口、不両舌、不綺語、不貪欲、不瞋恚、不邪見…1、41

須陀洹、須陀洹道――小乗仏教において煩悩を脱して聖者の流れに入る第一段階。預流。天界と人界を七度往復する。凡夫は須陀洹、斯陀含、阿那含を経て阿羅漢に至る…5、14b、31、42d、43a、59

須摩提菩薩――王舎城（ラージャグリハ）の長者の娘。仏がその成仏を予言したという…59

須彌山――世界の中央に聳え立つという高山で、頂上に忉利天があるという。スメール山…14a、55

升――三国魏晋期で二〇四立方センチメートル…15、22、31

丈――三国魏晋期で二・四二メートル。四〇丈は一〇〇メートル弱…57

上座――年長の僧。比丘になって二〇年以上、四九年までの僧のこと（『毘尼母経』六）…1、36

沓梨祇――しりぎ、しりき。語義未詳…61

神足通――六神通力のひとつ。どこにでも自在に行ける力。他は天眼（ふつうの人には見えないものを見通せる力）、天耳（あらゆる音を聞き取る力）、他心（他人の心を読み取る力）、宿命（自他の過去や生活の全てを知ることのできる力）、漏尽（煩悩を打ち消し、悟りの境地に至っていることを知る力）…32、56、61

仙人――山中で修業し、不老不死の法を修めているとされる人。リシ、聖仙…27a

僧――比丘、比丘尼、沙門など出家者の総称…36、57、60、61

相輪――仏の足裏に現われた輪で、千の輻がある。三二相の一つ…60

た行

第一天――人間界も属している欲界の六天のうち一番下の天。四天王天…3、43b

大千世界――三千世界…59

怛薩阿竭――タターガタの音訳。如来に同じ…57

多宝――人名…9a

檀越――ふつう「僧に衣食などを施し贈る信者。施主」のことだが、38では別の意味で使われている…38、60

調達――人名、提婆達多、デーヴァダッタ。仏陀のいとこ、阿難の兄で、教団分裂を企てたり、仏陀を殺そうとしたりした…2

提和竭仏――ディーパンカラの音訳。燃燈仏、錠光仏。過去七仏とは別系統の過去仏で、釈迦が未来に必ず仏になることを予言したとされる…45

天王釈――天の守護神である帝釈天…43b

天神――天上界に住むとされる仏教の守護神たちの総称…2、23、60

天帝、天帝釈――帝釈天…15、59

天人――飛天ともいい、虚空を飛行し、伎楽を奏で、天華を散じるという。人間と同じように寿命がある…54、57、59、60、61

道眼――天眼。六神通力のひとつ。神足通の項を参照…56

道士――仏門に入って修行している人、僧のこと。梵志や道人と同意で使われることもある…3

導師――衆生を導いて仏道に入らせる者。ふつうは仏、菩薩のこと…1

道人――仏道に入った人、僧。沙門、道士、比丘、梵志を指すこともある…3、4、6、7、9b、14b、17、

18、28、36、39b、40、41、45、50、52、53

忉利天――欲界にある六天の第二天。帝釈天が率いる天で須彌山の上にあるとされる。四方の峰に八人ずつの天人がおり、帝釈天と合わせて三三人となるので三十三天ともいう…6、11、14b、27b、39b、61

兜術天――兜率天、都史多天。欲界にある六天の第四天で、彌勒菩薩がいる所…56

な行

泥犁――ニラヤの音写。地獄と同意だが、この語が使われている箇所は「奈落」と訳した。奈落の一日は人間界の六〇億万年にあたるという…54、56、59

尼拘類樹――桑科で無花果の一種。ニヤグローダ、バンヤン樹ともいう…31

尼揵種――「尼揵の弟子」と訳した。ジャイナ教徒、裸形外道のこと。ジャイナ教は、仏陀と同時代にバラモンの潮流に逆らい、かつ、仏教に対抗したいわゆる六人の有力な思想家（六師外道）の一人であるニガンタ・ナータプッタ（尼揵子。本名ヴァルダマーナ、修行完成ののちはマハーヴィーラまたジナと呼ばれる）が開祖。現在も二百万人ほどの信者がいる。今一人、サンジャヤ・ベーラッティプッタは舎利弗と目揵連が、仏陀の弟子になる前に師事した懐疑論の思想家である…43a

二五神――五戒の項を参照。

如来――タターガタの訳。仏陀の尊称。後世に出現した多くの仏陀も如来と呼ばれる。cf. 怛薩阿竭…56、58

は行

般泥洹――「完全な涅槃」と訳した。入滅、ニルヴァーナ…30、56

波羅蜜——迷いの此岸から悟りの彼岸に到達した状態。大乗仏教の重要な術語のひとつ…１

比丘、比丘僧——出家して約二五〇の具足戒すべてを受けた二〇歳以上の男子、僧。ビクシュ。沙門、道人を指すこともある…８ａ、９ａ、９ｂ、12、14ａ、24、30、38、42ｂｃｄ、43ａｂ、61

比丘尼——出家して約三五〇の具足戒すべてを受けた二〇歳以上の女子、尼僧。ビクシュニー…８ｂ、38

辟支仏——独りで悟りに到達した者、独覚。孤独な生活をし、説法や教化をしない聖者…16

不起忍——無所従生法忍と同意。一切のものは不生不滅であると認めること…60

沸屎地獄——十六地獄のひとつ。沙門や婆羅門に布施された食べ物に不浄の手（左手）で触れたり、先に食べてしまったり、不浄のものをその中に入れたりする者が落ちる。沸騰した糞尿に満ち、鉄の嘴を持つ虫がいて、罪人の頭を破って脳を喰らい、骨を破って髄を喰らう。『大智度論』第一六巻、『経律異相』巻五〇・二「十八小地獄各有十八獄囲繞阿鼻」と同三「六十四地獄挙因示苦相」参照…42ａ

法輪——法を転輪聖王の輪宝に譬えた表現。法輪を転がすとは法を説くこと…56

菩薩——仏陀の前世における呼び名。また、来世において仏陀になると運命づけられて修行している人。のち、求道者全般を指すようになる…１、35、55、57、58、59、60、61

梵志——婆羅門、婆羅門出身の僧。また、バラモン教における年少の学生。道士、道人を指すこともある…３、７、18、24、29、40、45

梵声《ぼんしょう》——「仏陀の徳を称える歌」と訳した。梵声はふつう「清らかな声。仏陀の声」のことだが、ここでは梵《ぼん》唄《ばい》のこと。『高僧伝』巻一「康僧会」、巻一三「経師篇・論」に、康僧会も梵唄を作り、それが、「現在もなお伝わっている」とある…４

梵天——欲界の上にある色界のいちばん下の初禅天の主で大梵天王ともいう。天帝釈とともに仏教の守護神。も

とはヒンドゥー教の最高神ブラフマ。仏陀が悟りを人々に説くことを躊躇したとき梵天が世のために説くよう
勧めたとされる…59

ま行

摩訶衍——マハーヤーナの音訳。大乗。小乗が自利を目的とするのに対し、大乗は自利と利他の双方を目指す。
支婁迦讖訳『雑譬喩経』六にも出る…59

摩尼、摩尼珠、摩尼宝——摩尼宝珠。広く宝石、宝玉を意味するほか、病気を治し、闇を照らし、寒暖を変化させ、汚濁を清める珠を表わす…55、56、59

彌勒——仏陀の涅槃の五六億七千万年後に現われて衆生に法を説くとされる未来仏…8a

無為大道、無為道——「生滅変化することのない真理」と訳した…1、57

無上平等度意——無上正等覚。最上の正しい完全な悟り…55、56、57、58、59、60

無所従生法忍——一切のものは不生不滅であると認めること…59

目連、目揵連、摩訶目揵連、摩訶目犍連（58のみ）——人名、仏弟子のひとりだが、仏陀より早く亡くなった。

マウドガリヤーヤナ、モッガラーナ。神通第一と言われた。四種の名が混在するが底本のままとした…27a、45、54、56、58、61

文殊師利——釈迦仏の左の脇侍として智恵を司る菩薩…58

や行

夜叉、夜叉鬼——原文は「閲叉、閲叉鬼」。ヤシャ、ヤクシャ。醜く大力を持ち、人の精気を吸い、血肉を喰ら

う獰猛な悪魔。のち毘沙門天の眷族となり、北方を守護する…1、11

四つの道——四道の項を参照。

ら行

羅漢——阿羅漢のこと。沙門、和上を指すこともある。cf.応真…6、14a、14b、30、35、37、57、58、59

里——距離単位。漢代までは約四〇五メートル。千里は約四〇五キロメートル。四〇里は約一六・二キロメートル…1、23、27b、31

離越——人名、レーヴァタ。罽賓国（インド北西部、ヒンドゥークシュ山脈の南）にいたといわれる阿羅漢…27b

龍——池、沼、虚空に住み、大雨を降らせ、稲妻を放つとされる想像上の動物。仏の教えを聴聞し、仏法を守護するという…6、32、44、57龍王、59龍神

六反震動——仏が説法するときの瑞相として、大地が六通りに震動すること…56

わ行

和薩——僧伽、和合僧、和合衆。一つの目的に向かって協力して進む五人以上の人々の集まり。「僧たち」と訳した…59

和上——受戒者の師となる者。沙門、羅漢を指すこともある…6

和南——礼拝、敬礼、稽首。目上の人に敬意を表してその安否を尋ねる語で、口に唱えながら、深く頭を垂れて礼をすること。「ご挨拶申し上げます」と訳した…61

既訳・類話・文献

〔既訳については凡例に挙げたものを中心に記す。シャヴァンヌ訳はChavannesとし、『仏教説話文学全集』は『全集』、『仏教説話体系』は『大系』と略記する。『全集』『大系』の○内の数字は所収巻。凡例三④に掲げた現代中国語訳は全訳で（　）内の通し番号と一致するので省略する。ほかにもあると思うが網羅的に調査する余裕はなかった。類話についてはシャヴァンヌの第Ⅳ巻および、『大系』を参照した。仏典はすべて『大正新脩大蔵経』所収のもの。文献についてはシャヴァンヌの第Ⅳ巻を参照した。記すべきものがない場合は項目を設けない。そのため42c（49）、42d（50）の二話は所収話番号のみになるが、既訳として現代中国語訳はあることを念のため記しておく。多くの遺漏があると思うが、お気づきのときは御教示いただければ幸いです〕

1（1）商人と人喰い鬼

【既訳】Chavannes, No. 89.『大系』⑨一七六〜一八九ページ「商人と人食い鬼」。

【類話】『大智度論』巻一六（『大智度論の物語』No. 160「ブッダの精進」）。『ジャータカ』五五「パンチャーヴダ前生物語」。『雑宝蔵経』八・九七の後半部（Chavannes, No. 410）。『経律異相』四三・七「薩薄欲買取五戒羅刹不能得侵」（雑譬喩経より）と四三・一一「賈客為羅刹所縛」（大智度論一六より）。『法苑珠林』巻二七・至誠篇第一九・求戒部第三と『諸経要集』巻一六・堕慢部第二五・立志縁第三（いずれも雑譬喩経より）は、どちらも鬼の身長や容姿に言及している。『悪魔との対話（サンユッタ・ニカーヤⅡ）』一・四・一・四～五「わな（1、2）」の詩。

2（2）孔雀王

【既訳】Chavannes, No. 90.『譬喩聖話』八「三人痴者」。

【類話】『六度集経』二〇（Chavannes, No. 20）。『ジャータカ』一五九「金色の孔雀前生物語」と四九一「黄金の孔雀前生物語」。『法苑珠林』巻五四・詐偽部第六〇・詐畜部第六（六度集経より）。『仏母大孔雀明王経』。

冒頭に現われる、愛欲ゆえに捕えられたり、殺されてしまったりするモチーフが、『ジャータカ』三四「魚前生物語」、九三「死んだライオン前生物語」に見られる。

沐浴した水が不死の薬となり、それを頭にかけると病が治るというモチーフが『ジャータカ』四九七「賢者マータンガ前生物語」に、蜂蜜の味覚の虜にしてカモシカや鹿王をとらえるモチーフが『ジャータカ』一四「カモシカ前生物語」と『摩訶僧祇律』一（Chavannes, No. 341）に見られる。

本話は「農夫と小鳥」の原話とされているが、その類話に『バルラームとヨアサフ』（アラビア語版一八、ヘブライ語版二五、グルジア語版Ⅰは一三、Ⅱは一〇、ギリシア語版三）、『ユダの泉』一七一「三つの教え」、『黄金伝説』一七四「聖バルラームと聖ヨサパト」の四、バレト写本『サントスの御作業』五、中世フランス詩『小鳥の歌』、ジャック・ド・ヴィトリ『エクセンプラ』二八、『スカーラ・ケーリー』一〇一、『ゲスタ・ロマノールム』一六七、ペトルス・アルフォンシ『知恵の教え』例話二一、サンチェス『説話の書』一二四（五三）、シュタインヘーヴェル『イソップ寓話集』一四七・六、ハンス・ザックス『小夜啼き鳥』、リドゲイト『田舎者と小鳥の物語』、バール・ヘブラエウス『笑話集』三八二、『庭師と小鳥』、『バカーヴァリーの薔薇』四（大臣の語る第二の挿話「ダルヴィーシュとナイティンゲール」、『スハイル星（カノープス）の輝き』一・一九（解き放たれたナイティンゲールは庭に金の壺が埋まっていることを教える）、『アフガニスタン民話集ムルグイとミロス』六「すずめの三戒」、『伊曾保物語』下三一「鳥人に教化をなす事」、司馬江漢『春波楼筆記』ほか多数がある。

『トゥーティー・ナーメ』（ナハシャビー本五、カーディリー本七、ホータン本二、『バヤン・ブディマン物語』五）に、猟師につかまった鸚鵡が自分は医者だから王に売れと勧め、王の病を半分治し、あとの半分は檻から出してくれたら治してやると言って逃げ去る話がある。本書の話と「農夫と小鳥」の話の中間的な物語である。

『アラビアン・ナイト』二七二夜「アブドル・マリクの御子ヒシャームと年若い牧人との物語」に、カリフに諫言して捕えられた若者が、わが身を鷹に捕まった雀に例え、わが身を食っても腹の足しにはならないでしょうと言って許される話がある。

本話は『六度集経』二〇とともに最古層にある類話のひとつである。

【文献】Clouston, A Group of Eastern Romances and Stories, pp. 563 - 568.

松村恒　①物語伝搬における仏典の役割――「小鳥の教訓」を一例にして――、『四天王寺』五〇一（一九八二年）、三八～五六ページ。②"Le lai de l'oiselet in Oriental Literature", in : *Kalyana-mitta : Prof. H. Nakamura Felicitation Vol.* (=Bibliotheca Indo-Buddhica 86), Delhi : Sri Satguru Publications, 1991, pp. 1-14. ③ガストン・パリスと物語インド起源説、Analecta Indica IV（親和女子大学研究論叢・二四、一九九一、六四～六八ページ。④根本有部律衣事に引かれた物語と詩節。

小堀桂一郎　①「小鳥の歌」の伝承（一）、比較文学研究二二、二五～六七ページ、一九八三。②「小鳥の歌」の伝承（二）、同二四、三三～六二ページ、一九八五。③「小鳥の唄」の発祥、同六五、三～二一ページ、一九九四。④『イソップ寓話』。

松原秀一『中世ヨーロッパの説話』「小鳥の歌」。ペトルス・アルフォンシ『知恵の教え』三一五～三二二ページ。ATU 150 'The Three Teachings of the Bird'.

3（3）燃える服

【既訳】Chavannes, No. 91.
【類話】『経律異相』四六・四（雑鬼神）・四「金床女裸形衣著火然」（譬喩経、福報経より）。『今昔物語集』四・一四「天竺の国王、山に入りて裸の女を見、衣を着しむる語」。

4（4）借金の報い

【既訳】Chavannes, No. 92.
【類話】『生経』三九「負為牛者経」（過去世において、借金の肩代わりを約束してくれた友人と会えなかったために借金を返せず逃げ回っていた男が、今の世に牛となって生まれ、膨れ上がった負債を、友人の生まれ変わりである仏陀に払ってもらう）。

5（5）悔いた兄嫁

【既訳】Chavannes, No. 93.『大系』⑨二六七～二六九ページ「兄嫁の反省」。

6（6）龍に生まれ変わった沙彌

【既訳】Chavannes, No. 94.『大系』⑨二八三～二九一ページ「龍王の宮殿」。

【類話】『大智度論』巻一七（『大智度論の物語』No. 182「大龍となった沙弥」）。『衆経撰雑譬喩』一〇。『経律異相』二二・一〇「沙彌於龍女生愛遂生龍中」（迦葉詰難陀経、大智度論一七より）。『大唐西域記』巻一・三八「迦畢試国」・四「大雪山頂にある竜池の伝説」。

【文献】川口義照『中国仏教における経録研究』二〇八～二一一ページ。

7（7）月女

【既訳】Chavannes, No. 95.『大系』⑨二六～二九ページ「こじきと結婚した王女」。

【類話】『雑宝蔵経』二・二二「波斯匿王女善光縁」。『賢愚経』八。『ブッダが謎解く三世の物語（ディヴィヤ・アヴァダーナ全訳）』一九「波瀾万丈のジョーティシュカ」。『法苑珠林』巻六八・業因篇第七八・引証部第五と『諸経要集』巻一一・業因部第一九・雑業部第五（いずれも雑宝蔵経より）。『今昔物語集』二・二四「波斯匿王の娘善光女の語」。『雑談集』巻五・二「天運之事」の内（『雑宝蔵経』より）。『インドの民話』六・三「サバル王子」（七人の王女の末娘が主人公。幸せなのは自分の運命だと答えて追放される）。『中国昔話集』一二四「妖怪の家」（Eberhard 124. 反抗した娘を乞食に与えると二人は豊かに暮らすようになり、やがて落ちぶれた両親を引き取る）と一九三「乞食と結婚した娘」（Eberhard 193. 本話が民間で語られるようになったものと思われる）。

「師が言った」以下の前世の話が、『六度集経』八四の末尾と『根本説一切有部苾芻尼毘奈耶』巻二に見られる。『法句譬喩経』九や『経律異相』二八・二「感仏聞法得須陀洹道」（『百愛経』より）には、亡き王の馬を放ち、それが膝を屈した者を王とする話があり、小野不由美『十二国記』「風の海・迷宮の岸」には神獣が登場する同様のモチーフが見られる。『ジャータカ』三七八「ダリームカ前生物語」や五二九「ソーナカ前生物語」では無人の馬車を放って王を探す。『獅子座三十二話』Ⅱ・14「運命あるいは努力」中の「ドラヴィダ王」には、後継ぎなしに王が亡くなると、大臣たちが花輪を持つ牝象を放ち、象が花輪を首に掛け、背に乗せて王宮に連れ帰った男を王にする話がある。成立年代は不明だが、ジャイナ教徒の書いた『カターコーシャ』二「デーヴァパーラの物語」には、王亡きあと象に水差しを持たせて放ち、その水を注がれた者を王とする話があり、同じく三〇「ヴィーラーンガダ王子の物語」にも象が選んだ者を王とするモチーフが見られる。『インドの民話』四・九「別な暮らし」には、後継ぎなしに王が亡くなると、象と鷹を放ち、それらが認めた者を新しい王とするモチーフが見られる。『パンジャブの昔話』一六「二人の兄弟」にも亡き王の象が次の王を選ぶモチーフがある。新羅の始祖、赫居世にも同じような伝説がある。前漢の地節元年のこと、六部族の子弟が王を誰にするかを相談しているとき、電光が地に射し、一頭の白馬が紫の卵に跪拝しているのが見える。そこへ行ってみると、馬は長く嘶いて天に上ってしまう。その卵から生まれたのが赫居世であるという（『三国遺事』巻一）。『アラビアン・ナイト』「アリー・シャールとズムッルドとの物語」の三一八夜には、後継ぎなしに王が亡くなったとき、軍勢が三日間郊外に出て、ある街道から最初に来た者を誰であれスルターンにしたという記述がある。

『根本説一切有部毘奈耶雑事』巻二の末尾に機械仕掛けの魚の話が出る。こうしたからくりは『アラビアン・ナイト』にもいくつか登場するが、その白眉は「黒檀の馬の物語」に登場する、一時間ごとにはばたいて啼く孔雀、敵が侵入すると鳴るラッパ、そして人を乗せて自在に空を飛ぶ黒檀の馬であろう（第三五七夜。『百一夜物語』にも同じ物語が含まれている）。『根本説一切有部毘奈耶破僧事』巻一〇で空飛ぶ木像に乗った者は海に落ちて死んでいる（Chavannes, No. 378）。黒檀の馬に先行するモチーフである。人が乗らないからくりなら、紀元前五世紀ころの『墨子』四九「魯問篇」に公輸子が竹や木を削って作ったカササギが三日間飛び続けたという記述がある。

【文献】平岡聡『ブッダが謎解く三世の物語（ディヴィヤ・アヴァダーナ全訳）』。ATU 923B 'The Princess who was responsible for her own Fortune'（本話の指摘はない。本話は最古層の類話であり、主人公が一人娘である点が注目に値する）

8a（8）三人の酔っ払い

【既訳】」Chavannes, No. 96.『譬喩聖話』九「三人酔狂」。『大系』⑨九〇～九二ページ「三人の酔っ払い」。『仏教譬喩説話集』一一〇ページ「三人の酔っ払い」。

8b（9）比丘尼に生まれ変わった犬

【既訳】Chavannes, No. 97.『大系』⑨一三七～一三八ページ「尼僧になった犬」。

【類話】『衆経撰雑譬喩』三九（鳥）。『賢愚経』三〇（犬）、五九（鳥）、六〇（鳥）、六九（犬）。『雑宝蔵経』一〇〇「五百白鴈聴法生天縁」。『経律異相』一二・九「沙門慈狗転身為人立不退地」（度脱狗子経より）、四七・六

「狗」・二「狗子被殺時見沙門命終生豪貴家」（迦葉詰阿難経より）と四七・六「狗」・四「弊狗因一比丘得生善心」（十巻譬喩経第六巻より）と四七・一一・五「獼猴学禅堕樹死得生天上」（猿が死んで天上に生まれ変わる。雑譬喩経より）。『法苑珠林』巻一七・敬法篇第七・聴法部第二（賢愚経五九より）と巻二四・説聴篇第一六・利益部第九（雑宝蔵経一〇〇および本経より）。『諸経要集』巻二・聴法縁第三（本経より）。『ブッダが謎解く三世の物語（ディヴィヤ・アヴァダーナ全訳）』一六「三帰依で天に再生した二羽の鸚鵡」。『今昔物語集』三・一二「須達長者の家の鸚鵡の語」と四・一九「天竺の僧房の鼠、経を聞き益を得る語」。『三宝絵』中・法宝の趣。『雑談集』巻七・二「法華事」の内（法華経を聞いた雉が人に転生し、高僧となる話）。

9a （10） 比丘への布施

【既訳】Chavannes, No. 98.

9b （11） 教えを少し理解した夫婦と比丘

【既訳】Chavannes, No. 99.『大系』⑨三四～三五ページ「清浄な信心」。

【類話】失訳『雑譬喩経』二二。『雑宝蔵経』一一五（女が老僧を招いて供養し、説法を頼む。愚かな僧は女が眼を閉じているのを見てこっそり逃げ出す。女はすべてが無常であることを悟り、僧を捜して礼を言う。恥じ入った僧も深く反省して悟りを得る）。

10（12）釜の中の金

【既訳】Chavannes, No. 100.『譬喩聖話』四五「冷水の徳」。『全集』⑤三一五ページ「熱湯の中のお金」。『大系』⑨四七～四八ページ「湯の中の金」。ひろさちや『ほとけさまの智恵と慈悲』「狩猟好きと信仰心」（講談社＋α文庫）はこれを翻案紹介している。

【類話】『雑宝蔵経』九四「月氏國王與三智臣作善親友縁」の後半部。『付法蔵因縁伝』巻五（罽昵咤《カニシュカ》〈ウ冠なし〉王の話として）。『経律異相』二九・九「国王臨死蔵珠髻中」（雑譬喩経より）。『法苑珠林』巻四四・君臣篇第四一・王福部第五（本経より）。『雑談集』巻一・八「上人事」の内。本話の冒頭部分は『バルラームとヨアサフ』第一寓話「王弟と死のトランペット」の冒頭とも似ている。本書49（58）「獣の頭と人間の頭」、50（59）「馬車から下りて沙門に挨拶する王」の冒頭も参照。

11（13）出家僧と人喰い鬼との距離

【既訳】Chavannes, No. 101.『全集』⑤三一六ページ「悪鬼との距離」。『大系』⑩五五～五六ページ「謝った鬼」。『仏教譬喩説話集』二五〇ページ「僧と鬼の距離」。

【類話】『経律異相』一九・二三「沙門得鬼抱安心説化鬼辞謝而去」（一巻雑譬喩経より）。『法苑珠林』巻四五・納諫篇第四二・引証部第二（本経より）。

12（14）七宝を埋める

【既訳】Chavannes, No. 102.『大系』⑩一四九〜一五〇ページ「隠された七宝」。

【類話】『衆経撰雑譬喩』一七。『雑宝蔵経』四二。『ジャータカ』四九四「天国で楽しんできた王前生物語」、五三五「天食前生物語」、五四〇「サーマ前生物語」などに見られる、布施によって天の果報を求めるという教えや、『聖書』「マタイ」六・一九〜二一、一九・二一、「ルカ」一二・三三〜三四に見られる、天に宝を積めという教え、『カリーラとディムナ』三などに見られる、来世の生活とそこに辿り着くための路銀を積めという教えもこれと同じものである。

13（15）斎戒の功徳

【既訳】Chavannes, No. 103.

【類話】『法苑珠林』巻九一・受斎篇第八九・引証部第二（本経より）。『諸経要集』巻六・引証縁第二（本経より）。『三宝絵』下・僧宝・一「修正月」に「一度斎戒するだけで、六十万歳分の糧が得られ」が引用されている。

14a（16）淫らな沙門

【既訳】Chavannes, No. 104.

【類話】支婁迦識訳『雑譬喩経』三に淫女と戯れる淫らな僧でありながら、多くの人を悟りに導いている僧の話がある。『沙石集』（梵舜本）九・一三「師ニ禮アル事」に、『大智度論』よりの引用として、「犬皮《イヌノカワ》ノ袋ノクサキニ包《ツヽメ》ル金ヲバ、袋ノ臭《クサキ》ニヨリテ捨《スツ》ベカラズ。タトヒ僧ハ破戒ナリトモ、所《の》レ説《く》御《み》法《の》リニ私《わたくし》ナクハ、法ヲ信ジテ人ノ失ヲタヾサヾレ」（米沢本七・一三、慶長古活字十二行本六下・一一、貞享三年本六・一九。文言に多少の相違がある。『大智度論』に該当語句は見当たらないとのこと）と言う。『ゲスタ・ロマノールム』一二「犬の泉」には、腐臭漂う犬の死骸の口から甘露のような泉がこんこんと湧き出しているという話があり、司祭にふさわしくない者のミサでも聞かなければならないという教えに結びつけている。『エクセンプラ』（ジャック・ド・ヴィトリ）一五五は、ハンセン病患者から水をもらう夢を見させて、破戒の修道士のサクラメントも立派なサクラメントであることを教え、同書三〇三は、司祭に化けた悪魔への告解も有効であると言う。ブハーリー『ハディース』「アザーン」五六は、「精神錯乱者や異端者が礼拝を指揮すること。――（中略）なおそれでも礼拝せよ」と教える。

14b (17) 正妃を救った年若い沙門

【既訳】Chavannes, No. 105.

【類話】前世において仏陀に土を施して王となった話は『雑阿含経』巻四九。支婁迦識訳『雑譬喩経』九。『阿育王経』六などと『阿育王伝』三など。『賢愚経』一七。『ブッダが謎解く三世の物語（ディヴィヤ・アヴァダーナ全訳）』二六「土塊の布施がもたらしたインドの覇権」。

15（18）欲深な伊利沙をこらしめる帝釈天

【既訳】Chavannes, No. 106.『全集』②二一六～二一七ページ「長者と帝釈天」。

【類話】『ジャータカ』七八「イッリーサ前生物語」。『出曜経』巻一二（仏陀が五人の弟子を順に送って、ケチな長者を諭すが失敗。仏陀が翻意させる）。『慮至長者因縁経』。『経律異相』一九・一「伊利沙四姓慳貪為天帝所化」（雑譬喩経第五巻より）。『法苑珠林』巻七七・十悪篇第八四・慳貪部第一一・引証部第二（慮至長者因縁経より）。『今昔物語集』三・二二「慮至長者の語」。『古本説話集』下五六「留志長者の事」。『宇治拾遺物語』八五「るし長者のこと」。『朝鮮昔話百選』七三「梃でも動かぬ意地っ張り」（追い払われた托鉢僧の作ったかかしが化ける）。施しをやめた者を諭すために先祖や神が現われる話に『ジャータカ』四五〇「ビラーリコーシヤ前生物語」と五三五「天食前生物語」がある。

人妻に横恋慕した神が夫に化けて現われる話にヘロドトス『歴史』六・六九（スパルタでのこと。子が生まれる）、プラウトゥス、モリエール、クライスト、ジャン・ジロドゥなどの一連の「アンピトルオ」物（ヘラクレスが生まれる）。『鸚鵡七十話』三。孫晋泰『朝鮮民譚集』九〇ページ「爪を粗末にしてはならぬ」は、子孫を残すためであろう、爪を食べ小便をなめた鼠が夫そっくりに化けてその妻のもとへ行く話である。

傲慢を諭す話に『ゲスタ・ロマノールム』五九、『シチリアのロベルト』、『ルカノール伯爵』五一、セルカンビ『イル・ノヴェッリエーレ』六〇、崔仁鶴『韓国昔話の研究』四二九「おごりたかぶる王様」ほかがある。最も古いのはヘロドトス（紀元前五世紀）であろう。

【文献】B・E・ペリー『シンドバードの書の起源』五五九～五六〇ページ「高慢」。

16（19）妻と王妃の不貞

【既訳】Chavannes, No. 107.『全集』②二二〇～二二二ページ「女」。『大系』⑪一一七～一二一ページ「妻の不貞」。前嶋信次『アラビアン・ナイトの世界』（平凡社ライブラリー）八三～八六ページ。定方晟訳一六～一七ページ。『仏教譬喩説話集』一七九～一八〇ページ「美貌が仇」。

【類話】『法苑珠林』巻七五・十悪篇第八四・邪婬部第六・姦偽部第三（本経より）。『諸経要集』巻一四・邪婬縁第三（本経より）。『宝物集』巻五（『諸経要集』より）。北インドで優勢だった白衣派ジャイナ教徒ジナダーサ（六～七世紀）の作とされる『アーヴァシュヤカ・チュールニ』「象使い」（大きく五つに分けられるうちの三番目の、本書第25話「偽りの誓い」に挙げた部分に続く話。神判により無罪とされた嫁をなおも疑う義父が不眠症になる。それを聞いた王が彼を後宮の番人に任命。後宮では王妃の一人が象使いと不倫をしている。それを知った義父は、高貴な女性でもこうなのだから、普通の女性では当たり前なのだと悟って眠ることにし、七日間眠り続ける。目覚めた彼から王が真相を知る）。一二世紀のヘーマチャンドラ『パリシシュタ・パルヴァン』第二章でパドマセーナが語る第八話「ドゥルギラーの物語」はこの「象使い」とまったく同じ構成の物語であり、ヴィンテルニッツ『ジャイナ教文献』第二篇の註解一〇〇によれば、『パリシシュタ・パルヴァン』II 446 - 640に相当する（そのうち546 - 594の前半が本話の類話）。妃がせむし男に抱かれているのを目撃したヤショーダラ王が妃に毒殺されてしまうという話がジャイナ教徒によってくり返し書かれていて、八世紀のハリバドラ『サマラーイッチャ・カハー』、一〇世紀のハリシェーナ『ブリハットカターコーシャ』七三などがあり、その背景にも本話と同じ伝承があると思われる。『アラビアン・ナイト』序話（四～八ページ）。『百一夜物語』序話（こちらのほうが『アラビアン・ナイト』序話よりも本話つまり原型に近い)。ナハシャビー『トゥーティー・ナーメ』二二(笑うと花がこぼれ出る道化師の話として)。カルドンヌ『東洋文学集』「正しいとされた女の物語」(三話語られるうちの三話目。息子の嫁の不倫に悩んでいる舅が、妃の不倫を目撃して、スルターンだからといって息子より幸せなわけではないと自らを慰める。本書第25話の類話注と解説三を参照)。

像を作り、それとそっくりの相手を探すモチーフは『六度集経』八四、道略集『雑譬喩経』九、『賢愚経』一四の後半、『根本説一切有部苾芻尼毘奈耶』巻一、『付法蔵因縁伝』巻一(迦葉にまつわる話)、『経律異相』一三・一「迦葉身黄金色婦亦同姿出家得道」(雑譬喩経第四巻より)、『ダンマパダ全詩解説』(法句二一五の因縁話。見出された娘は長旅の途中で病気になって死ぬ。ブッダゴーサ『法句註』一六・五)、シーフナー『チベットの物語』九、金沢藩主前田綱紀の話(氏家幹人『江戸の性談』講談社文庫による。神田白竜子『雑話筆記』が記しているという)、『ジャータカ』三二八「悲歎無用前生物語」、四五八「幸の出前生物語」と五三一「クサ王前生物語」などに見られる。

本話が最古の類話である。

【文献】E. Cosquin, *Le prologue-cadre des Mille et une nuits*, pp. 265-309. 前嶋信次『アラビアン・ナイトの世界』Ⅲ・2。A. Mette, "The tale of the elephant-driver in its Āvaśyaka version."(未見)

17(20)鳥に育てられた娘

【既訳】Chavannes, No. 108.『全集』②二一八〜二一九ページ「宿命」。『大系』⑩一〇〜一三「鳥に育てられた娘」。

【類話】『ジャータカ』三二七「カーカーティ王妃前生物語」と三六〇「スサンディー前生物語」。『根本説一切有部毘奈耶雑事』二九（唯一人貞節であると判明した牛飼い女の娘妙容を王妃として金翅鳥王に託し、他の男の目に触れぬようにと巣と王宮の間を行き来させる。若者と通じ、共に金翅鳥に乗って王城に向かうが、目を開けるなという禁を破って若者は盲目になる。庭園にかくまわれるが、やがて露見して二人は追放される。この続きが第20話「持ち逃げされた女と狐」の類話である）。『法苑珠林』巻七五・十悪篇第八四・邪婬部第六・姦偽部第三（本経より）。『諸経要集』巻一四・邪婬縁第三（本経より）。泉鏡花『妙齢』（次話【文献】に記す須田論文を参照）。

フェルドウシー『王書』「ザールの巻」（ザールは怪鳥スィームルグに育てられる）。『ジャータカ』四五四「賢者ガタ前生物語」は、王国を滅ぼす子を産むと予言された娘を塔に幽閉するが、他国の王子と通じて男子を産む話。『カター・サリット・サーガラ』七・二（三六章）「ラトナーディパティ王と白象シュヴェータラシュミの物語（№50）」は、離島に封じ込められた妻が難破した男と通じる話。

18 (21) 壺の中の女

【既訳】Chavannes, No. 109.『全集』②二一三～二一五ページ「女の本能」。『大系』⑩二四三～二四七ページ「バラモンと女」。定方晟訳一七～一八ページ。「文献」の項に掲げた松村恒「口中の愛人」に膨大な既訳・文献の紹介および一部の語句の解説、サンスクリット語からの翻訳（クシェーメーンドラ）がある。

【類話】『ジャータカ』四三六「箱入り女前生物語」。『霊鬼志』一七。『法苑珠林』巻七五・十悪篇第八四・邪婬部第六・姦偽部第三（本経より）と巻六一・呪術篇第六八之二（749ab。霊鬼志より）。『諸経要集』巻一四・邪婬縁第三（本経より）。『ミリンダ王の問い』二・二・四。クシェーメーンドラ『ブリハットカターマンジャリー』（文献欄、松村「口中の愛人」による）。『カター・サリット・サーガラ』一〇・七（六三章）「ヤショーダラとラクシュミーダラの物語（No. 132）」（二人の女。一人は淫らで、夫を起こして殺してもらうと男を脅すが、もう一人はとめて夫に真実を話す。夫は姪女の鼻をそいで追放）と一〇・七（六四章）「蛇神とその妻の物語」（ドイツ語訳六四章最終話。女と男は目覚めた蛇神に殺される）。『アラビアン・ナイト』序話（八〜一二ページ）と六〇二夜「散策に出たある王子と魔物の話」（女は男を吐き出すのではなく樹上の二人を呼び降ろして交わり、指環を貰い受ける）。『アラビアン・ナイト補遺』「シャー・バハト王の物語」の二八「ヒンドの王とその大臣の物語」。アラビア語『シンドバード物語』（ブーラーク版）二三。『トゥーティー・ナーメ』（ナハシャビー本四、ローゼン本二〇「グルフィシャーンと大臣の不実な妻の物語」、カーディリー本四）。『続斉諧記』「腹の中の恋人」（陽羨鵝籠）。『酉陽雑俎』続集四（No. 970）。『灯草和尚』第五回（土屋文明訳『中国艶妖譚』所収）。逸文から復元された『新羅殊異伝』九「竹筒美女」（一〇世紀後半から一一世紀。金庾信が都へ帰る途中で異域の男と会い、その男が竹筒から出した二人の美女と宴を開く）。西鶴『西鶴諸国ばなし』二・四「残る物とて金の鍋」。セルカンビ『イル・ノヴェッリエーレ』一一八。アリオスト『狂えるオルランド』二八。ラ・フォンテーヌ『コント』一・一「ジョコンダ」。ティモネーダ『小話集』八。『イリヤ・ムウロメツ』「巨人スヴャトゴル」。オルトゥタイ『ハンガリー民話集』二七「美男ヤーノシュ」。

『玄怪録』四「袋の怪」（『太平広記』三六八巻）に、人を呑み込んだり吐き出したりする芸人の話が出ている。恐らく本話から想を得ているのであろう。

『アラビアン・ナイト』序話に見られる女が指環を貰い受けるモチーフに関連して。ヘロドトス『歴史』四・一七六によると、北アフリカのトリポリタニアでは男に身を任すたびに足輪をひとつずつはめ、その数が多いほどいい女だと認められるという。またマルコ・ポーロ『東方見聞録』四「雲南への使節行」一二八「テベット地方」によると、同地では未婚の娘は旅人と通じ、その際に記念品として宝石などを貰い、二〇個以上集めなければならず、その数が多いほど尊重されたという。『諸国里人談』巻一「筑摩祭」によると、近江、筑摩の庄の女は関係した男の数だけ土鍋を作り、祭りのときにそれを神社に奉納しなければならなかったという。『伊勢物語』一二〇段にもこの風習が記されている。南方熊楠は柳田国男宛ての書簡（大正三年五月一四日付）でこの風習に言及し、男（夫）の数が多いほど尊重されたのだとして、ほかに『大唐西域記』にも記されていると書いている（『柳田国男・南方熊楠往復書簡集』。『東方見聞録』とともに中務哲郎氏の御教示による）。『真臘風土記』の該当箇所は「（九）室女（おとめ）」で、娘が七歳から一一歳になると両親は娘が「人に強くもとめられて、将来、千や百〔という多数の〕男子に嫁するように願」って、僧に依頼して娘の処女を取り去ってもらい、僧に贈り物をして娘の身を贖うという。贖わない場合は、娘はその僧の所有となり、他に嫁ぐことができない。これはおそらくある種の通過儀礼であり、今ここで問題にしている風習とは異なるものであろうと思われる。『伊勢物語』にも記される筑摩の祭りについて池田弥三郎は、神に仕える巫女としての資格をテストする方法がその起こりであったろうと言う（『性の民俗誌』七「神の嫁の選定」。姉崎千明氏の御教示による）。『仙境異聞（下）』「仙童寅吉物語、一之巻」に、つづらや敷物はもとより人までも入って、望むところへ飛んでいく壺のことが記されている。

本話は『ジャータカ』四三六とともに最古層の類話のひとつである。本書16「妻と王妃の不貞」と本話はもともと別の説話であるが、『アラビアン・ナイト』の無名の作者はこの二話を巧みにつなぎ合わせたわけである。

【文献】魯迅『中国小説史略』第五篇。泉鏡花『知ったふり』。前嶋信次『アラビアン・ナイトの世界』Ⅲ・2。松村恒「口中の愛人」（『Analecta Indica』神戸親和女子大学研究論叢・二四号、七六～八七ページ、一九九一）。井上敏幸「西鶴文学の世界――中国文学とのかかわり」。ペトルス・アルフォンシ『知恵の教え』二九二ページ。ペリー『シンドバードの書の起源』原註五三と三八一ページ「指環Ⅱ」。泉鏡花と『旧雑譬喩経』の関係については、須田千里「泉鏡花と中国文学」を参照。前話および「25　偽りの誓い」に挙げた鏡花の作品はこの論文による。ATU 1426 "The Wife Kept in a Box."（本書第16話「妻と王妃の不貞」と合わせて話型を設定しているが、第16話と本話はもともと別のものと考えられるので、分けて設定するほうがいいのではないだろうか。）

19 (22) わずかな手掛かりからの推理

【既訳】Chavannes, No. 110.

【類話】『ジャータカ』四六三「賢者スッパーラカ前生物語」（失明した賢者。象の後ろ足のゆがみ、馬が母馬の死で母乳が飲めず健やかに育っていないこと、車が空洞のある木でできていること、毛織物が鼠にかじられていること、王の父が床屋であること――これは証明なし）。『法苑珠林』巻四五・審察篇第四三・審学部第四（本経より）。『王と四人の大臣』「いなくなった駱駝」（右目が見えず、尾が短く、脚萎えで、腹痛を病んでいる駱駝）。シーフナー『チベットの物語』六「ジーヴァカ王子」の一エピソード（本話と同じ右目の見えない妊娠している象とその象に乗る妊婦）。マスウーディー『黄金の牧場』III. 227 - 237（§1090~1099. ニザールの四人の息子の話。片目で尾のない駱駝は体が傾き、人見知り、供された蜂蜜は驢馬の頭骨に作られた蜂の巣から採ったもの、犬の乳で育てられた羊の肉、墓場産のワイン）。ルーミー『マスナヴィー』II 2922 - 33は少し違い、隊商に加わった駱駝がいなくなり、見つけた者には報酬をやると言うと、ならず者たちが次々に、耳を切られているか、鞍に刺繍があるか、片目か、病気で死にかけているかなどとからかう話で、原話を踏まえての翻案であろう。『アラビアン・ナイト補遺5』「アル・ヤマンのスルターンと三人の息子たち」（片目で尾のない駱駝、積み荷は砂糖菓子とピクルス、供されたパンケーキは生理中の女が焼いたもの、犬の乳で育てられた羊の肉、スルターンの父は料理人）。『アラビアン・ナイト補遺1』「シャー・バハト王と大臣アル・ラハワーン」三「物事の真髄を知る王の物語」（真珠の中の虫、王の父がパン屋）。イネア・ブシュナク『アラブの民話』「三人のムハンマド」（尾のない片目の駱駝と積み荷、供応してくれたカーディーが私生児）。『南シベリアのトルコ族民衆文学選集』第三部・X九「三人の息子」（中央アジア、キルギスの例。父が残した三〇〇ルーブルを埋めて富豪に三年間仕えた三人兄弟。金が消える。三人のうち誰が盗んだのかを解決してもらうために侯爵のもとへ行く途中、駱駝を失った男に会う。明るい色、脚が悪く片目の駱駝。侯爵は奴隷の息子、犬の乳で育った子羊の肉、遺骨が埋まる畑で獲れた小麦。侯爵は犯人を名指しする前に、本書第26話の類話を語る）。シュヴァルツバウム（Schwarzbaum）のNo. 205（イディッシュの昔話。乗り手を殺してしまう馬、王の父は粉屋）。『ラビたちの譬え話』五一「賢いユダヤ人奴隷」（片目の駱駝、積み荷はワインと酢、駱駝を引くのは異教徒とユダヤ教徒、供されたのが犬の乳で育てられた羊の肉、墓場産のワイン）。

ヨーロッパで最古のものが『チェント・ノヴェッレ・アンティケ』三（囚われの学者。驢馬の乳で育てられた馬、宝石の中の虫、王の父はパン屋）。『デンマーク人の事績』三・六（アムレートの話。殺戮の場所で採れた小麦で作ったパン、死体を食った豚の肉、錆びた剣が落ちている泉の水、死体に群がった蜜蜂の蜂蜜、王の父と王妃の母はともに奴隷）。セルカンビ『イル・ノヴェッリエーレ』一（片目で尾のない雌駱駝、積み荷が蜂蜜と酢、供されたのが犬の乳で育てられた肉、ワインが死体を埋めた畑産、領主が私生児）。クリストフォロ・アルメーノ『セレンディッポの三人の王子』一（アミール・ホスロー『八つの天国』二による。片目で歯が一本欠けている脚の悪い駱駝、積み荷はバターと蜂蜜、妊婦が乗る、供されたワインが墓場産、犬の乳で育てられた子羊の肉、息子を殺された大臣が王に殺意を抱いている）。ヴォルテール『ザディーグ』三「犬と馬」（最近子犬を産み、左前脚を引きずり、長い耳をしたスパニエル犬、小さな蹄の馬の身長と尾の長さ、蹄とくつわの素材）。U・エーコ『薔薇の名前』「第一日・一時課」（修道院から出てきた一団が何を捜しに出て来たのか、それが馬であり、馬の行方と名前を当てる）。

『屍鬼二十五話』八「デリケートな兄弟」は、やはりわずかな手掛かりから米が火葬場の近くで採れたこと、遊女が山羊の乳で育ったこと、七枚の布団の下に一本の毛があることを見抜く（最後のはアンデルセン『エンドウ豆の上に寝たお姫様』のモチーフでもある）。趙南星『笑賛』一九「易者の息子」（ひどい風雨の中を占いをしてもらいに来た人を見て、どの方角から来たか、誰のために占ってもらおうとしているかを言い当てる。明代）。孫晋泰『朝鮮民譚集』二九六ページ「三兄弟」に、臭いから豚が人の乳で育てられたこと、人相から県監が僧の息子であることを見抜く話がある。

『根本説一切有部毘奈耶薬事』巻一三によると、胎児が母親の左脇にあれば、それは男の子であるという。胎内で右を向いているということであろうか。『修行道地経』一・五は、外を背にし顔を内に向けて左脇にあるのが男の子、母を背にし顔を外に向けて右脇にあるのが女の子というが、位置関係がいまひとつよく分からない。いずれにせよ、本話では右の足跡が深いので胎児は右脇にいる、つまり女の子であることになる。少し前に出ている象についても同様の判断をしていることになる。もっとも、『根本説一切有部毘奈耶』巻一三や巻一九、『根本説一切有部毘奈耶雑事』巻一一、『根本説一切有部毘奈耶皮革事』上によれば、胎児が右脇腹（右辺）にあれば、それは男の子だとあるので、あまり当てにはならない。本書よりやや遅れて成立したと思われる陳寿（二三三〜二九七）『三国志』「魏書・方技伝第二十九」の冒頭「華佗伝」にも、胎児が左にあれば男、右にあれば女という記述が見られる。この説話と関係があるのだろうか。

セレンディピティという用語は『セレンディッポの三人の王子』から造語されたものだが、本話は『ジャータカ』四六三とともにその最古層にある類話のひとつである。

杉田英明氏によると、この物語は明治大正期に"The Careful Observer", "The Lost Camel", "Using the Eyes",

"The Observing Eye", "The Dervish and the Camel", "Observation", "What a Wise Man Saw" などのタイトルで中学校英語の検定教科書に採用されており、戦前の知識人にはかなり知られていた物語だったのではないかと推察されるという。

【文献】Chauvin, Tome VII, pp. 158-161, No. 438. Clouston, *A Group of Eastern Romances and Stories*, pp. 511-513. ペリー『シンドバードの書の起源』原註一三二。Schwarzbaum, pp. 204-221が詳細に記す。ATU 655 "The Wise Brothers".

20（23）持ち逃げされた女と狐

【既訳】ジュリアン『アヴァダーナ』LXXV（『法苑珠林』採録の本経より）。Chavannes, No. 111.『修養小話』三一「婦人と狐」。『全集』⑤二八二ページ「馬鹿の上下」。『仏教譬喩説話集』一八ページ「婦人と狐」。

【類話】夫を殺させて、共に逃げるという発端が多い。『ジャータカ』三七四「小弓術師前生物語」。『根本説一切有部毘奈耶雑事』二九（第17話「鳥に育てられた娘」の続き。王宮を追われた妙容は盗賊と遭遇したのを機会に、盲目の若者を盗賊に仕立てて追手に殺させ、盗賊と逃げる。その後はほぼ本話と同じ展開）。『十誦律』三四。『法苑珠林』巻五四・詐偽篇第六〇・詐畜部第六（本経より）。『諸経要集』巻一六・詐畜縁第六（本経より）。『アーヴァシュヤカ・チュールニ』「象使い」（五つに分けられる部分の最後で、本書第16話「妻と王妃の不貞」の後日談。王宮を追放された王妃と象使いが辺境の村で暮らすが、ある夜、泥棒が入る。気づいた村人たちが家を囲む。泥棒に気づいた元王妃は、夫になってくれたら助けてやると言い、翌朝、象使いが泥棒として捕らえられ処刑される。村を離れた二人は川辺にやって来る。このあとの展開はほぼ本話と同じ。死に際に神の一種に変じた象使いがジャッカルとなって本話の狐の役を演じ、元王妃の罪を赦すよう王にとりなす）。一二世紀のヘーマチャンドラ『パリシシュタ・パルヴァン』二「ドゥルギラーの物語」の第五話（II 595 - 640）もこれと同じ話だが、末尾で象使いだった半神は元王妃を王にとりなすのではなく、ジャイナ教に帰依するよう説いている。シーフナー『チベットの物語』一二。『パンチャタントラ』（小本四・一一「浮気女と無頼漢」、プールナバドラ本四・八「姦婦が姦夫に瞞された話」）。『鸚鵡七十話』一四（狐の話を含まない）。『トゥーティー・ナーメ』（ナハシャビー本一六、ローゼン本一七・一、カーディリー本一〇。夫のもとに帰る方法をジャッカルから教えてもらうおまけ付き）。

肉をくわえた犬が水に映る自分の姿を見て、その肉を奪い取ろうとして吠え、くわえた肉を水中に落としてしまう話が『イソップ寓話集』一三三以下多くあるが、ここでは触れない。関心がある方は下記文献の訳注一三〇をご覧いただきたい。

【文献】ペトルス・アルフォンシ『知恵の教え』一九六ページ（訳注一三〇）。

21（24）雄羊の忠告——動物の言葉

【既訳】Chavannes, No. 112.『全集』⑤二八三〜二八六ページ「鳥やけだもののことばを聞き分ける王様の話」。

【類話】『ジャータカ』三八六「ロバの子前生物語」。『王子とデルヴィッシュ』（ヘブライ語版「バルラームとヨアサフ」）二八「雄鶏」。『アラビアン・ナイト』序話「驢馬と牡牛との話」。『トゥーティー・ナーメ』（ナハシャビー本四三、ローゼン本二七・四「雄羊の助言」、『バヤン・ブディマン物語』七）。竹原新『イランの口承文芸』四七。『ユダの泉』二〇「動物の言葉」。『ゲスタ・ロマノールム』（グレーセ版）一九〇〜一九二ページ。ストラパローラ『レ・ピアチェーヴォリ・ノッティ』一一・三。ヴィクラム『道中よもやま話』四四。アファナーシエフ『ロシア民話集』二四八「狩人とその妻」。ペリー『アエソピカ』七一七「主人の話をする雄鶏と馬」（ベルン写本。藤田崇氏の御教示による）。『語りつぐ人びと＊アフリカの民話』「動物のことばがわかる男」（スワヒリ）。『布里亜特蒙古民間故事集』六七〜七三ページ「七十七種語言」（ブリヤート・モンゴル。花翅蛇に助太刀をした礼に七七の言葉を聞く力をもらう猟師の話。ロシア語からの訳）と『コーカサス民話集』「狩人カラフ」（グルジアの類話。以上斧原孝守氏の御教示による）。

忠告を含まないが、動物の言葉を理解して笑った理由を問われる話が、『経律異相』四四・一六「賃人善解鳥語」（譬喩経より）と四四・三七「小児先身以三銭施今解鳥語遂得為王」（雑譬喩経より）にある。

【文献】A. Aarne, *Der tiersprachenkundige Mann und seine neugierige Frau.* ペリー『シンドバードの書の起源』四九二〜四九三ページ「雄鶏の教え」。ATU 670 "The Man who understands Animal Languages."

22（25）買った禍

【既訳】ジュリアン『アヴァダーナ』Ⅸ（『法苑珠林』採録の本経より）。Chavannes, No. 113.『修養小話』四六「禍の母」。『全集』⑤二八七〜二八八ページ「買った禍い」。『大系』⑨一九〜二二ページ「災いという生き物」。『仏教譬喩説話集』二二九〜二三〇ページ「禍を招くもの」。

【類話】『法苑珠林』巻四六・思慎篇第四四・慎禍部第三（本経より）。『諸経要集』巻九・慎禍縁第三（本経より）。『宝物集』巻六（八・二「空観」）。

23（26）山火事を消す鸚鵡

【既訳】Chavannes, No. 114.

【類話】『ジャータカ』三五「ウズラ前生物語」（両親に見捨てられた飛べないウズラ。真実を語ると火が引き返す。羽で水をかけるモチーフを欠く）。『大智度論』巻一六（『大智度論の物語』No. 170「雉の本生」）。『雑宝蔵経』一三「佛以智水滅三火縁」。『賢劫経』五。『天尊説阿育王譬喩経』第四話末。『僧迦羅刹所集経』上。『五分律』巻二六。『根本説一切有部毘奈耶薬事』巻一五。『経律異相』一一・一三「為鸚鵡現身救山火以申報恩」（僧迦羅刹所集経より）と四八・六（雉）「雉救林火」（大智度論一六より）。『宣験記』一五と『異苑』三・四（ともに五世紀。ほぼ同文。本話によるとされる）。『法苑珠林』巻二七・至誠篇第一九・済難部第八（僧迦羅刹所集経と大智度論より）と『諸経要集』巻一六・堕慢部第二五・立志縁第三（大智度論より）。『大唐西域記』六・四「拘尸那掲羅国」・五「雉王本生譚」。『ジャータカ』三五とほぼ同じものに『ジャータカ・マーラー』一六「若き鶉本生」と『所行蔵経（チャリヤー・ピタカ）』三・九（二九）「鶉の雛の所行」がある。『雑談集』巻七・四「精進懈怠事」の内（要約）。『捜神後記』五三「忠犬（二）」の前半に次のような話がある（巻七・七一「楊生狗」）。酔いつぶれて草原で寝込んだ男を野火が襲う。いっしょにいた飼い犬が吠えるが主人は眼を覚まさない。犬は近くの水たまりにつかり、引き返しては身を震わせて、主人の周辺の草を水浸しにする。おかげで焼け死なずに済む。本話からヒントを得ているのであろう。

魚に食われた妻を救うため、仲間とともに海水を一口ずつ運んで汲みつくそうとする話が、『ジャータカ』一四六「カラス前生物語」にある。

24（27）道端の大金を巡る殺し合い

【既訳】Chavannes, No. 115.

【類話】『ジャータカ』四八「ヴァーダッバ前生物語」（千人の殺し合い）。田中於莵彌・坂田貞二『インドの笑話』「盗った金塊はだれのもの」。シーフナー『チベットの物語』一九（五百人の殺し合い）。『マルズバーン・ナーメ』三・一。『王子とデルヴィッシュ』（ヘブライ語版「バルラーム」）三〇「商人とならず者」。『アラビアン・ナイト』一五二夜「商人とふたりの詐欺師との話」。『アラビアン・ナイト補遺』「シャー・バハト王の物語」の一二「三人の男と主イーサーの物語」。『ファーキハット・アル・フラファー（カリフたちの果物）』一八。明末一六三一年、顔茂猷の『廸吉録《てききつろく》』九「世集・公鑑二・機巧僥倖之報・唐三盗以得金而喪命」（七一ウ～七二オ）。古塚を暴いた三人の盗賊。一人は谷底に突き落とされる。唐天禧年中のこととして記す。天禧は実際には北宋の元号で、一〇一七～一〇二一年）。『中国昔話集』「呂洞賓の話」（Eberhard 148「三人の盗賊」）。孫晋泰『朝鮮民譚集』一七一ページ「山上の三屍と金」。『朝鮮昔話百選』八七「悪戯息子の機智」の末尾。崔仁鶴『韓国昔話の研究』四六八（e）「兄弟で拾った金塊」。『合類大因縁集』七・四「三盗相殺害」（貞享三年、一六八六年、『廸吉録』による）。大江文坡『清誠談』巻四「仏徳に依りて害を遁るゝ事」（安永七年、一七七八年）。『チェント・ノヴェッレ・アンティケ』八三。ハンス・ザックス『切り株の中の死神』（謝肉祭劇七〇）。チョーサー『カンタベリー物語』「免罪符売りの話」。

　以下に上記以外の中国、チベット、中央アジアの類話を掲げる。いずれも斧原孝守氏の御教示である。池田香代子・浅岡泰子訳『シルクロードの民話三・ウズベク』「欲深の金持ち親子」。村山孚編『中国の寓話笑話篇』

「四人の役人」（蒙古族）。君島久子訳『チベットのものいう鳥』（田海燕編『金玉鳳凰』の訳）一八「三人のラマの本心」。『可書』（宋代の書）「天宝山三道人」。澤田瑞穂『金牛の鎖』「銀の筍」（王同軌『耳談』巻四「劉尚賢」の条より）。田中瑩一・胡軍『中国、回族の民話（稿）』三三「三つの金塊」。左玉堂・叶世富・陳栄祥編『怒族独龍族民間故事選』「六罐金銀」。シェルトン『チベットの昔話』第八話（七人の盗賊が死んだ熊・狐・象を見つけ、水を探しに行った三人と残った四人が毒を盛り合う）。その他、「中国民間故事集成」によると、吉林、陝西、福建、甘粛、広西、海南、湖北、江西、貴州、ネパール、フィリピン、ビルマ等、広範囲にわたって類話が確認できるとのことである。

本話が最古形を伝える類話である。

【文献】井上敏幸「西鶴文学の世界——中国文学とのかかわり」。中込重明『落語の種あかし』「落語『風呂敷』再考」。アーウィン『必携アラビアン・ナイト』第三章（九一～九二ページ）。W.A. Clouston, "Chaucer's 'Pardoner's Tale'," in: *Popular Tales and Fictions*, pp. 490-511; H. Schwarzbaum, *Studies in Jewish and World Folklore*, p.95 (note 77. a. 多くの文献を挙げる). 劉守華、一八七～一九〇ページ。ATU 763 'The Treasure Finders who murder One Another.'（本話を指摘）。

25（28）偽りの誓い

【既訳】Chavannes, No. 116.『全集』⑤二八九～二九〇ページ「姦婦」。『大系』⑩一〇七～一一〇ページ「浮気な妻」。

【類話】『ジャータカ』六二「卵のままの女前生物語」の後半。『法苑珠林』巻七五・十悪篇第八四・邪婬部第六（本経より）。『諸経要集』巻一四・邪婬縁第三（本経より）。『アーヴァシュヤカ・チュールニ』「象使い」（五つに分けられるうちの二番目。不倫を疑われた妻が自ら無実を証明すると申し出る。ヤクシャ寺院へ神判を受けに行く途中、変装した情夫が彼女のサリーをつかむ。夫と先ほどの男以外に触れたことはないという女の誓いに、ヤクシャは当惑して考え込んでしまう。本書第16話「妻と王妃の不貞」の類話がこれに続く）。一二世紀のヘーマチャンドラ『パリシシュタ・パルヴァン』二「ドゥルギラーの物語」の第二話（II 446 - 545の後半）もこの「象使い」の話と同じであるが、第一話において、嫁の不倫現場を押さえた義父が、息子が眠っているのを確認したうえで、嫁のアンクレットを証拠として抜き取っており、納得しない義父を説得するために嫁が神判を申し出て、本話への接続をスムーズにしている。『センデバル物語』（ヘブライ語版「シンドバード物語」）一九。『鸚鵡七十話』（小本）一五の後半（前半は広本二四やペルシア語版『シンドバード物語』第五の大臣の語る第二話「アンクレット」と同話。『シンドバードの書の起源』三七八ページ参照）。イネア・ブシュナク『アラブの民話』（青土社）「真実の鎖」。竹原新『イランの口承文芸』九六の末尾。セルカンビ『イル・ノヴェッリエーレ』四六。ストラパローラ『レ・ピアチェーヴォリ・ノッティ』四・二。一連の「トリスタン」物。真実の口で誓いをする話にパウリ『冗談とまじめ』二〇六。ティモネーダ『小話集』四。カルドンヌ『東洋文学集』「正しいとされた女の物語」（三話語られるうちの二話目。嘘をつくと水に沈み、真実を語ると浮く。本書第16話の類話注を参照）。泉鏡花『かしこき女』（「18　壺の中の女」の【文献】欄に記す須田論文を参照）。

アキレウス・タティオス『レウキッペーとクレイトポーン』八・一一〜一四に、妻が浮気をしたかどうかを判定するシュリンクスの洞窟の泉の話がある（中務哲郎氏の御教示による）。

本話は『ジャータカ』六二とともに最古層の類話のひとつである。

【文献】ペリー『シンドバードの書の起源』四五〇〜四五二ページ「誓い」。ATU 1418 'The Equivocal Oath'.

26（29）最も立派に振舞ったのは誰か？

【既訳】Chavannes, No. 117.『全集』⑤二九一～二九二ページ「橋の誘惑」。

【類話】『インドの民話』六・一「王女の獲得」（王女を獲得するために王子が語る物語の最終話。勉学を終えた王女が先生に、結婚式の晩に先生と寝ることを約束。新婦は夫の許しを得て出かけるが、途中で強盗、虎、蛇に遭う。先生は何もせずに帰す。蛇、虎、強盗も彼女を帰す。もっとも気高いのは誰か）。ナハシャビー『トゥーティー・ナーメ』一二（高価な真珠をラジャのもとへ持参する途中、道連れになった四人のうちの一人に盗まれる。ラジャは調べるが分からない。ラジャの娘が次のような物語をする。結婚式の晩に処女をあげると約束して庭師から薔薇を貰った娘。夫の許しを得て庭師のもとへ行く途中、狼、盗賊と遭うが、訳を話して通してもらう。庭師は何もせずに娘を帰し、盗賊、狼も同様にする。最も称賛すべきは誰かとの問いへの答えからラジャの娘は犯人を当てる）。『南シベリアのトルコ族民衆文学選集』第三部・X九「三人の息子」（本書第19話の類話からの続きで、侯爵が語る。仲良しの二人の若者に男女の子が生まれ、いいなずけとするが、男の子の父が亡くなったとき、娘はいいなずけのもとへ行き、もし父が別の男と結婚させても、処女はあなたに捧げると約束。新婚の夜、夫に訳を話して許しを貰い、男のもとへ行く。男は何もせずに帰すが、帰途四〇人の盗賊に捕まる。訳を知って何もせずに帰す。誰がいちばん汚れのない心を持っているかとの問いに対する答えから侯爵は、金を盗んだのは末弟であると判断する）。チョーサー『カンタベリー物語』「郷士の物語」（ブルターニュの海岸から岩を取り除いてくれたら身を任せてもいい、と言い寄る男に約束した夫人。男は魔術師に依頼。夫の許しを得ていることを知った男は何もせず、魔術師も金を受け取らない。誰がいちばん寛容であったか）。ボッカッチョ『デカメロン』一〇・五（一月の庭を五月の庭のようにしてくれたら身を任せてもいい、と言い寄る男に約束した夫人。

あとは「郷士の物語」と同じだが、最後の問いはない。『フィローコロ』所収の話もこれと同じとのこと)。

本話が最古の類話と思われる。

【文献】ATU 976 'Which was the Noblest Act?'(本経を指摘)。

27a ㉚ 戻ってきた指環

【既訳】Chavannes, No. 118.『大系』⑨三一九〜三二一ページ「もどってきた指輪」。

【類話】ヘロドトス『歴史』三・四〇〜四三とヴァレリウス・マクシムスVI.9.ext.5(どちらもポリュクラテスの指輪)。『ジャータカ』二八八「一山の魚前生物語」。『根本説一切有部毘奈耶』四〇・五九。『福蓋正行所集経』巻七の末尾。『アラビアン・ナイト』「カマル・ウッ・ザマーンの物語」の二〇七夜と二一五〜二一六夜。同「染め物屋アブー・キールと床屋アブー・シールの物語」の九三八〜九三九夜(振り上げた王の指から落ちた魔法の指輪が魚の腹から出て猟師の手に渡り、のち王のもとに戻る。杉田英明氏の御教示による)。一〇世紀後半の『インドの驚異譚』一五「指輪を飲み込んだ魚の不吉な知らせ」(兄の死の前触れ。斧原孝守氏の御教示による)。『薔薇の香油』I一七〇〜一七三ページ(スレイマーンの章。魔神がソロモンから指環を奪ってソロモンになりすますが、妻たちは変だと気づく。ある日、ソロモンが食べた魚の腹から指環が出てきて、ソロモンは復帰する)。『インドの民話』二一・一一「聞き手を探す話」(海に捨てた宝石箱が魚の腹から出てくる)。ドイツ民衆本『麗わしのマゲローナ』一六〜一七、二三章(魚の腹から出た指環に息子ペーターの死を感じる)。ティーク『美しきマゲローネ』一一、一六章(民衆本での反応とは逆に、息子ペーターの帰国を感じる)。

海に捨てた足枷の鍵が一七年後に魚の腹から出てくる話にハルトマン『グレゴーリウス』、『ゲスタ・ロマノールム』八一「聖グレゴーリウス」、トーマス・マン『選ばれし人』がある。
【文献】中務哲郎 ①『物語の海へ』所収「ポリュクラテスの指輪」。②『書物誕生——ヘロドトス「歴史」』一三六～一四一ページ。ATU 736A 'The Ring of Polycrates.'

27b (31) 小さな泥の住まいの功徳

【既訳】Chavannes, No. 119.
【註】この話に登場する離越は、『雑宝蔵経』一九によると第32（36）話に登場する「屠殺を生業としていた男」である。

28 (32) 悟りの機縁は人さまざま

【既訳】Chavannes, No. 120.『譬喩聖話』一七「入道の動機」。『全集』⑤二九三～二九四ページ「得道の縁」。『大系』⑨三二九～三三〇ページ「三人三様の悟り」。『仏教譬喩説話集』三三〇～三三一ページ「悟道の機縁」。

【類話】『ジャータカ』四〇八「陶工前生物語」（特に二人目の悟り）、四五九「水前生物語」と四六〇「ユヴァンジャヤ王子前生物語」。『中本起経』巻二と『衆許摩訶帝経』巻八・四三「耶舎出家」（いずれも妓女の寝姿が死人のように見えたのが機縁）。『所行蔵経（チャリヤー・ピタカ）』三・一（二二）「ユダンジャヤの所行」。『根本説一切有部苾芻尼毘奈耶』巻二。『仏五百弟子自説本起経』一一「夜耶品」（腐乱する女の死体を見ながら無常を感じる）。『ブッダ・チャリタ』五をはじめとする仏陀伝では女たちの醜い寝姿を見て出家を決意する。

29 （33） 真昼に松明をかざす梵志

【既訳】Chavannes, No. 121.『大系』⑨二二〇〜二二二ページ「バラモンの慢心」。

【類話】『ジャータカ』二四四「欲望を離れた者の前生物語」（反論されたことのない男が論破される物語）。『法句譬喩経』巻一・多問品第三。『大智度論』巻一一（『大智度論の物語』№97「舎利弗の名前の由来（1）」の一部）。『摩訶僧祇律』二。ディオゲネス・ラエルティオス『ギリシア哲学者列伝』（三世紀前半）六・二・四一によると、ディオゲネスは白昼にランプをともして、「ぼくは人間を探しているのだ」と言ったという。パエドルス『イソップ風寓話集』Ⅲ一九「やじ馬とアエソプス」は同じことをアエソプスに語らせている。

【文献】ATU 1871F 'Diogenes and the Lantern'.

死者に触れることは不浄とされるので、死体運搬人は梵志の仕事ではありえない。

30 （34） 化粧をする沙門

【既訳】Chavannes, No. 122.

31 （35） 一粒の種

【既訳】Chavannes, No. 123.『大系』⑨二二四〜二二六ページ「一粒の種」。『仏教譬喩説話集』三一七〜三一八ページ「尼拘類樹のたとえ」。

【類話】尼拘類樹（大木）の種は芥子の種の三分の一であると強調する話に『大智度論』巻八（『大智度論の物語』No.57「ブッダの広長舌相」の一部）、『根本説一切有部毘奈耶薬事』巻八（四分の一の大きさとする）、『経律異相』四一・一一「婆羅門従仏意解」（普曜経第五巻より）、『法苑珠林』巻三三・興福篇第二七・生信部第三（本経より）、『今昔物語集』一・一一「仏、婆羅門の城に入り、乞食したまへる語」、『注好選』中一一「瞿曇比丘は外道を伏す」。芥子種を小さいものの象徴とする表現は『ジャータカ』五四三「ブーリダッタ竜王前生物語」、『新約聖書』（「マタイ」一三・三一、「マルコ」四・三一、「ルカ」一三・一九、一七・六）、『トマスによる福音書』二〇、ブハーリー『ハディース』「信仰の書」一四（一）などに見える。

32 （36） 屠殺を生業としていた男の報い

【既訳】Chavannes, No. 124.
【類話】『雑宝蔵経』一九（Chavannes, No. 401. 本書第27a話「小さな泥の住まいの功徳」に登場する離越を主人公とする）。『経律異相』一九・二〇「沙門煮草変成牛骨」（譬喩経上巻より。おそらく本経）。『法苑珠林』巻五七・債負篇第六五・引証部第二（『雑宝蔵経』一九より）。『今昔物語集』三・一七「羅漢比丘、感報の為に獄に在りし語」、『三国伝記』三・一六「離越尊者事」。

33 （37） 眠り込んだ妻の落とした剣で死んだ夫

【既訳】Chavannes, No. 125.『大系』⑩四七～四九ページ「母羊と羊飼いと四人の賊」。

【類話】予言の実現を避けようと努力するが、結局予言の通りになってしまう話を挙げる。ヘロドトス『歴史』一・三四～四三（息子が鉄の槍で死ぬと予言されたクロイソス王が回避を試みる）。『イソップ寓話集』一六二「子供と烏」（子供が烏に殺されると予言された母親）。某日、頭上に何かが崩れ落ちてきて死ぬと予言されたアイスキュロスは、当日、広々とした野原にいたが、鷲がはげ頭を岩と間違え、割ろうとして落とした亀に当たって死ぬ（この類話は「39 a　よけいなことをして墜落死した亀」を参照）。『捜神記』巻一九（四四八）「運命の神」。『日本昔話通観』インデックス一四九「運定め——水の運」など。『アラビアン・ナイト』「荷担ぎやと三人の娘の物語」のうち「第三の遊行僧の話」（第一五夜。一五歳のときにある男の手にかかって死ぬと予言されて島に逃げた若者のもとを予言通りの男が難破して訪れ、西瓜を切ろうとナイフを棚から取った男がつまずいて若者を刺し殺してしまう）。シェルトン『チベットの昔話』第一〇話（生まれたばかりの女の子が自分の嫁になり、羊の肩肉で死ぬという預言を聞いた初老の男がそれを阻止しようとして女の子を探し、小斧で切りつけて逃げるが、女の子は助かり、のちに二人は恋に落ちて結婚。夫は妻に羊の肩肉を食べさせないように配慮するが、夫の留守中に食べて死ぬ。九世紀の李復言『続玄怪録』四「定婚店」もこの類話）。『インドの民話』三・八「虎に殺された」（生まれた男の子がその結婚式の日に虎に殺されると知った伯父が、飛びかかる虎を仕留める。甥が虎の頭を蹴ると足が牙に当たり、血が止まらなくなって死ぬ）。

【文献】『日本昔話通観・研究篇2』一五六～一六〇ページ「149 運定め——水の運」。ATU 934 'Tales of the Predestined Death'.

34 (38) 魚身と屈強な男

【既訳】Chavannes, No. 126.

【類話】『賢愚経』一五。『経律異相』三六・六「無耳目舌先世因縁」（賢愚経より）と四二・三「魚身得富縁」（本経より）。『法苑珠林』巻五八・謀謗篇第六七・呪詛部第二（本経より）。

35 (39) 仏陀が教えを説こうとしなかった男

【既訳】Chavannes, No. 127.

【註】この説話に出てくる毒は、鴆という鳥の羽を酒に浸して作られるいわゆる鴆毒である。本書『旧雑譬喩経』よりやや遅れて書かれた陳寿『三国志』「蜀書・先主伝第二」には、曹操がこの毒を使って後漢の皇后や皇太子を殺害したという記述が見られる。

36 (40) 金の釜を盗もうとした男

【既訳】Chavannes, No. 128.『全集』⑤三〇六ページ「金の釜」。『大系』⑩一四～一五ページ「金のかま」。『仏教譬喩説話集』一一一～一一二ページ「釜の縁」。

【註】「報いは影のようについて回る」と同じ趣旨の言葉が『六度集経』四四にある。

37（41）女になった若者

【既訳】Chavannes, No. 129.『全集』⑤三〇七ページ「邪念の報い」。『仏典説話を現代語で読む』第三章「仏者の話。（15）阿那律が端正なため女と思われ、そう思った男が女となった話」（『経律異相』一三・一一による訳）。『仏教譬喩説話集』三一～三二ページ「邪念の報い」。

【類話】『五分律』一七巻（男が女になったという記述のみ）。『経律異相』一三・一一「阿那律端正或謂美女欲意往向自成女人」（本経より）。『ダンマパダ全詩解説』（法句四三の因縁話。長老の美しい身体を見て、「この長老は私の妻になる」などと思った男がたちまち女になり、他の町に逃げて結婚し子供をもうけるが、のち長老に許しを求めて男に戻り、出家する。ブッダゴーサ『法句註』三・九。『薩婆多毘尼毘婆沙』巻九・九十事第八十九もほぼ同じ話）。

陳寿『三国志』「蜀書」第一二（周羣伝）の裴松之注に『続漢書』より二〇二年のこととして、男が女に変身するという事件のことが記されている。

【文献】南方熊楠「鳥を食うて王になった話」の五。

38（42）食べ物を少し残すようになった理由

【既訳】Chavannes, No. 130.『全集』②二二四ページ「食べ物の一半」。『大系』⑨一四五～一四八ページ「サルを死なせた僧」。『仏教譬喩説話集』三二六ページ「施食のはじめ」。

【類話】『法苑珠林』巻四六・倹約篇第四五・引証部第二（本経より）。

39a（43）よけいなことをして墜落死した亀

【既訳】Chavannes, No. 131.『譬喩聖話』三八「大鵠と鼈」。『全集』⑤三〇八ページ「口舌の禍い」。
【類話】『ジャータカ』二一五「カメ前生物語」。『根本説一切有部毘奈耶』二八・一三（Chavannes, No. 395）。『摩訶僧祇律』二九。『五分律』二五・五・一（Chavannes, No. 367）。『法苑珠林』巻四六・思慎篇第四四・慎過部第五（本経より）と巻八二・六度篇第八五・忍辱部第三・引証部第四（五分律より）。ジュリアン『アヴァダーナ』XIV）。『諸経要集』巻九・慎境縁第四（本経より）。『ダンマパダ全詩解説』（法句三六三の因縁話。『ジャータカ』二一五を引用。ブッダゴーサ『法句註』二五・三）。『タントラーキヤーイカ』一・一一「二羽の鵞鳥《ハムサ》と亀」、『パンチャタントラ』（小本一・一三「亀と二羽の白鳥」、プールナバドラ本一・一四・一「愚かな亀の話」）。『ヒトーパデーシャ』四・一「二羽の白鳥と亀の話」。『カター・サリット・サーガラ』一〇・四（六〇章）「亀と二羽の白鳥の話(No. 84GG)」。『カリーラとディムナ』（古典シリア語旧訳、五七〇年頃）Ⅰ・Ⅺ「ガチョウとカメ」、『カリーラとディムナ』（イブヌ・ル・ムカッファイのアラビア語訳、七五〇年頃）一「亀と二羽の家鴨」、『スハイル星（カノープス）の輝き』一・二三（亀と二羽の鵞鳥）。『注好選』下一〇「双鴈は渇せる亀を将て去る」。『今昔物語集』五・二四「亀、鶴の教えを信ぜずして地に落ち甲らを破る語」。

飛んでみたいとしつこく言う亀を猛禽が岩の上に落として殺すという話が一連のイソップ寓話集にある。『イソップ寓話集』二三〇「亀と鷲」、ラ・フォンテーヌ『寓話』一〇・二「カメと二羽のカモ」、『エソポ物語』下巻「龜と、鷲の事」のみを挙げておく。ギリシアの悲劇作家アイスキュロスには、鷲が落とした亀に頭を直撃されて死んだという伝説があることは本書第33（37）話「眠り込んだ妻の落とした剣で死んだ夫」の類話欄にも記した。ウァレリウス・マクシムス（IX.12.ext.2）、プリニウス『博物誌』一〇・三、ラブレー『第三の書』二三と『第四の書』一七などに類話がある。日本の昔話「鶴の亀運び」は甲羅の模様の起源を語る。

『インドの驚異譚』三九「大亀や人を襲うスファーラの巨鳥」は東アフリカのこととして、動物や亀を上空から落として食らう鳥のことを記す。『伊曾保物語』中二〇「鷲と蝸牛《かたつぶり》の事」は、鷲が烏から蝸牛の食い方を教わる話。

本話では亀は白鳥にくわえられて空を飛び、亀の要らぬしつこい質問に白鳥が応えようとして口を開いたために墜落死する。アイスキュロスにまつわる話とともに、類話の中でも最古のタイプに属するものと考えられる。鳥が一羽か二羽か、鳥が本話のように直接亀をくわえるのか、亀が鳥の持つ（あるいはくわえる）棒をくわえて飛ぶのかなどによって類話を分類することができる。

『カター・サリット・サーガラ』一〇・九（六五章）「村への道を尋ねた愚か者の話（No. 153）」も類話と見ていいであろう（川のそばの木の枝にしがみついてぶら下がる男の下を水を飲みに行く象が通る。男を助けようと象使いが男の足をつかんだとき象が行ってしまい、二人ともぶら下がる。男に頼まれて象使いが歌を歌うと男は喜び、拍手をしようとして手を離し、二人とも川に落ちて溺れてしまう）。

【文献】『日本昔話通観・研究篇2』四四七～四五〇ページ「500 亀の甲羅」。松村恒「『カメの空中飛行』書誌」。林晃平「枝をくわえた亀のゆくへ――亀本生図・覚書――」。中務哲郎「漱石とギリシア奇談」（アイスキュロスのこの逸話をわが国で有名にしたのは漱石『吾輩は猫である』八とのこと。漱石は「イスキラス」と表記している）。劉守華、一七八～一八二ページ。ATU 225A 'The Tortoise Lets Itself be Carried by Birds'.

39b（44）沙門に生まれ変わった男

【既訳】Chavannes, No. 132.

40（45）人喰い鬼との約束

【既訳】Chavannes, No. 133.『譬喩聖話』三九「悪鬼と国王」。『仏教譬喩説話集』六四～六五ページ「鬼との約束を守った王」。

【類話】『ジャータカ』五三七「マハースタソーマ前生物語」。『ジャータカ・マーラー』三一「スタ・ソーマ本生（国王本生）」。『所行蔵経（チャリヤー・ピタカ）』三・一二（三一二）「スタソーマの所行」。『出曜経』二五（善宿王）。『大智度論』巻四（『大智度論の物語』No.36「須陀須摩の物語」）。『六度集経』四一。失訳『雑譬喩経』八。『賢愚経』五二の中間部（駁足王＝鴦仇摩羅に捕えられた須陀素彌王の話）。『僧迦羅刹所集経』上。『経律異相』二五・八「須陀須摩王為鹿足王所負聴還布施事畢獲免」（大智度論より）と二五・一一「善宿王好施令鬼王移信」（出曜経第一六巻と記されているが第二五巻の間違い）。『三宝絵』上二と『宝物集』五（いずれも大智度論より）。

動物を主人公とするものに『ジャータカ』一二「ニグローダ鹿前生物語」、『仏説鹿母経』、『大荘厳論経』七〇（鹿）、『雑宝蔵経』一五（象）などがある。

太宰治『走れメロス』のタイプ。キケロ『トゥスクルム談叢』五・六三、『義務について』三・一〇・四五。

ウァレリウス・マクシムス（IV.7.ext.1）。ポリュアイノス『戦術書』五・二・二二（エウエペノスとエウクリトスの話として）。イアンブリコス『ピュタゴラス伝』三二・二三三〜二三六（紀元前四世紀のアリストクセノスの著書より引用）。ヒュギーヌス『ギリシア神話集』二五七。『ゲスタ・ロマノールム』一〇八。『スカーラ・ケーリー』六二。『黄金伝説』六〇「アンティオケイアの乙女」と一二六「聖ハドリアヌスとその仲間」。サンチェス『説話の書』一七。シラー『人質』。『元史』「趙一徳伝」（諏訪原研『ちょっと気の利いた漢文こばなし集』八「中国の走れメロス」による）。後藤三男『説話で綴るイスラム黎明期』七六〜七七ページ（ハンザラとシャリークの話）。『王と四人の大臣』「バラモンと助けられた蛇」（火の中から助けられた蛇がバラモンを食おうとする。残される家族はどうすればいいと問うと、蛇は頭から宝石を出して与える。戻って来たバラモンに蛇はもうひとつ宝石を与えて去る。タミール語から。一六世紀）。『椰子の葉』「タイとシェリク」。『アラビアン・ナイト』一夜「商人と魔王との物語」、五夜「裏切りものの大臣の話」（戻ってきた賢者は殺されてしまう）と三九五〜三九七夜「オマル・ブヌ・アッターブと若い牧人との話」。鈴木三重吉『デイモンとピシアス』。

『奇談雑史』六・三「猪の怨霊の事」（一八五八年。猪の怨霊に三日の猶予をもらった猟師。お札を張った家にこもり逃れる）。

【文献】ペトルス・アルフォンシ『知恵の教え』二六五〜二六六ページ。杉田英明『葡萄樹の見える回廊』七「走れメロス」（初出は比較文学研究六九号）。五之治昌比呂「『走れメロス』とディオニュシオス伝説」。

41（46）心を入れ替えた太子

【既訳】Chavannes, No. 134.『全集』②二二五ページ「太子と道人」。『大系』⑩七〇〜七二ページ「真理への目覚め」。

42a（47）大便を布施して地獄に落ちた女

【既訳】Chavannes, No. 135.『全集』②二二三ページ「沸屎地獄」。

【類話】『高僧伝』巻一二の誦経篇「釈慧果」に、昔、寺の事務を司る役職僧となりながら、法にはずれたこと（具体的な記述はない）をしたために糞を食らう幽鬼の境涯に身を落とした男が、慧果の前に現われて救いを求める話がある。同じ誦経篇「釈弘明」にはお供えの食べ物をくすねたために厠の中に身を落としたという沙弥のことが記されている。

42b（48）成し難い四つのこと

【既訳】Chavannes, No. 135（途中まで）.

42c（49）親しむべきは何か

42d（50）満足を知ることと満足してしまってはいけないこと

43a（51）小便をもらした比丘

【既訳】Chavannes, No. 136.『大系』⑩六〇～六三ページ「小便を漏らした仏弟子」の前半。『仏教譬喩説話集』一一二ページ「裸を恥じた行者」。

【註】『五分律』第一〇巻によると、立ったまま小便をした比丘たちが驢馬や馬みたいだと非難され、それを聞いた仏陀が、立ったまま小便をしてはいけないと定めたという。小便もしゃがんでするのが礼儀にかなっていたわけである。『四分律』第二一巻、『摩訶僧祇律』第二一巻、『毘尼母経』巻八も参照。ヘロドトス『歴史』二・三五はエジプトの事として、「小便を女は立ってし、男はしゃがんでする」と記す。『アラビアン・ナイト』「せむしの物語」二五夜や「アジーズとアジーザの話」一二二夜などにも男がしゃがんで小便をするさまが描かれている。一方で、『イソップの生涯』二八には、「焼けつく地面、激しい尿意、照りつける日ざし」を避けるためにイソップの主人クサントスが歩きながら小便をしたと記されている。『三国志』「魏書」の「王衛二劉傅伝第二十一」の「王粲伝」末尾の裴松之注の中に、小便は穴を掘ってするものと読める記述がある。

【文献】中務哲郎『饗宴のはじまり』所収「立念　居毛曾念」。

43b（52）三回の精進の功徳

【既訳】Chavannes, No. 137.『大系』⑩六〇～六三ページ「小便を漏らした仏弟子」の後半。

【類話】『大智度論』巻一三（『大智度論の物語』No. 139「六斎日の持戒」）。

帝釈天と四天王が人間界を観察する月を三長斎月という。在家信者が八斎戒を守って精進する一、五、九月のことである。この月には諸天や鬼神が四方を巡行し、一切の悪事を四天王に報告するというが、ここでは帝釈天と四天王が観察することになっている。

44 (53) 海で大雨を降らせる龍

【既訳】Chavannes, No. 138.

45 (54) わが身を供養する兎

【既訳】Chavannes, No. 139.『全集』⑥四一六~四一七ページ「ウサギの捨身供養」。『仏典説話を現代語で読む』第三章「動物達の話。(8) 梵志道人と動物達の親交の話」(『経律異相』四七・一一・一による訳)。

【類話】『ジャータカ』三一六「ウサギ前生物語」。『ジャータカ・マーラー』六「兎本生」。『所行蔵経(チャリヤー・ピタカ)』一・一〇(一〇)「兎賢者の所行」。『六度集経』二一。『大智度論』巻三三(わずかな言及。『大智度論の物語』No. 235「さまざまな布施――4 尸毘王の布施」)。『撰集百縁経』三八。『雑宝蔵経』一一。『生経』三一「兎王経」(他の動物は登場しない。道人は食を断って死ぬ)。『菩薩本生鬘論』二・六と『菩薩本縁経』六と『一切智光明仙人慈心因縁不食肉経』(いずれも兎に感じたバラモンあるいは王が火に入る)。『根本説一切有部毘奈耶薬事』巻一五。『大唐西域記』七・一「婆羅痆斯国」・一二「兔本生譚」。『経律異相』四七・一一・一「獮猴等四獣与梵志結縁」(本経より)と四七・一二・一「兎王依附道人投身火聚生兜率天」(『生経』三一「兎王経」より)。

『法苑珠林』巻四一・供養篇第三八・引証部第二（本経より）。『今昔物語集』五・一三「三の獣、菩薩の道を行じ、菟身を焼く語」。

『高僧伝』巻一二の亡身篇「釈曇称」「釈法進」は、村人を人喰い虎から救うために虎にわが身を与えたり、飢えている人々にわが身を供したりした僧の伝である。

梵志の一二〇歳という年齢は仏典にはよく出てくる年齢で、何らかの意味があると思われるが、詳らかにしない。

46（55）逃げた人喰い鬼

【既訳】Chavannes, No. 140.『全集』⑤三一一〜三一二ページ「鬼の逃走」。『大系』⑨四二〜四六ページ「鬼神の像」。『仏教譬喩説話集』五九〜六〇ページ「臆病な人は鬼を呼ぶ」。

【類話】『法苑珠林』巻三一・妖怪篇第二四・引証部第二（本経より）。

宋代の蘇軾『艾《がい》子《し》雑説《ざっせつ》』一五「神像」は本話から着想されたものであろう。川を渡れない男がそばのお宮にある大王像を横倒しにして橋にする。あとから来た男がそれを元に戻し、再拝して去る。小鬼どもに、あの男を罰すべきだと言われた大王は、「禍いはあとから来た男に下す」と言う。なぜだという小鬼たちの問いに大王は、「前の男は信心しておらぬのじゃから、禍いを下しても仕方があるまい」と答える話である。明代の『笑賛』四一「神像」はこれの再録であるが、神は問に対して「善人はあなどり易いからじゃ」と答えている。

47（56）国を棄てて沙門になった王

【既訳】Chavannes, No. 141.『譬喩聖話』二〇「不壊の歓喜」。『修養小話』二二「快哉と叫びし王」。『全集』⑤三一三ページ「僧のよろこび」。『仏教譬喩説話集』八五〜八六ページ「無一物の安らぎ」。

【類話】『ジャータカ』一〇「楽しく住む者前生物語」。

大金をもらった貧乏人が気楽さや眠りを失ってしまい、ついに金を返してほっとするという話も同じ主旨であろう（ホラティウス『書簡集』一・七、ラ・フォンテーヌ『寓話』八・二「靴直しと金融家」、浅井了意『堪忍記』四・一五・七と『伽婢子』六・五、幸田露伴『有福詩人』第七・八・一〇幕など）。

【文献】『知恵の教え』二〇三〜二〇四ページ参照。ATU 754 'Lucky Poverty.'

48（57）仏塔を巡る王と退却する敵

【既訳】Chavannes, No. 142.『全集』⑤三一四ページ「人の一心」。『大系』⑨九七〜九九ページ「信心の勝利」。

【類話】『出曜経』二四（月支国王の話。仏塔を見たら右旋せよと母に教えられ、その通りにすると敵が退却する）。『経律異相』二九・三「悪少王遶塔散冠」（『出曜経』一六よりとするが、二四の間違いか。本経もほぼ同じと記す。Chavannes, No. 442）。『ジャータカ』五一「マハーシーラヴァ前生物語」と二八二「善人前生物語」、『出曜経』巻一六と巻二三、『大荘厳論経』七一、『菩薩本縁経』二一、『経律異相』二六・三「薩和達王布施譲国後還為王」（仏説一切施主所行六度檀波羅蜜経より）は、王が抵抗せずにすべてを明け渡すと、感じ入った敵王が退くか王位を返す話である。『高僧伝』巻三「求那跋摩」に、精進につとめるジャワ王が敵に侵入され、防御はしなければならないが殺害しようとする思いを抱いてはならないと跋摩に言われて出陣すると、敵があっさり退散したという話がある。

49（58）獣の頭と人間の頭

【既訳】Chavannes, No. 143.『大系』⑨九三～九六ページ「死人の頭とライオンの頭」。『仏教譬喩説話集』二九八～二九九ページ「頭の価値」。

【類話】『普達王経』（『法苑珠林』巻一九・敬僧篇第八・引證部第二）。『大荘厳論経』三・一六。『ブッダが謎解く三世の物語（ディヴィヤ・アヴァダーナ）』二七「麗しき目がもたらした悲劇」（アショーカ王にまつわる話）。『付法蔵因縁伝』巻四（同じく阿恕伽《アショーカ》王にまつわる話）。髑髏を売り歩く人がいたという話に『付法蔵因縁伝』巻六の末尾、『法苑珠林』巻一七・敬法篇第七・聴法部第二と『諸経要集』巻二・敬僧篇第三・順益縁第二（いずれも付法蔵因縁伝より）、『今昔物語集』四・三〇「天竺の婆羅門、死にし人の頭を貫きて売る語」、『沙石集』（梵舜本・貞享三年本）二・一〇「仏法の結縁空しからざる事」（米沢本二・八、慶長古活字十二行本二下・四）などがある。

『バルラームとヨアサフ』（『黄金伝説』『サントスの御作業』）第一寓話「死のトランペット」の冒頭が本話の冒頭と似ている。「死のトランペット」そのものも『ブッダが謎解く三世の物語（ディヴィヤ・アヴァダーナ）』二八「在家信者の兄と出家者の弟」や『出曜経』六に原話がある。本書10（12）「釜の中の金」、50（59）「馬車から下りて沙門に挨拶する王」の冒頭も参照。「死のトランペット」は『ゲスタ・ロマノールム』一四三にもある。

『太平広記』（九七七年）巻二七〇・婦人一に『新唐書』からの引用として「周迪《しゅうてき》の妻」という話がある。商人周迪が妻とともに広陵まで商売に出かけたとき、畢《ひつ》師《し》鐸《たく》（八八八年没）の乱が起こり、人々は人肉を食べる。周迪も飢えて死にそうになる。すると妻が言う、あなたの両親は健在だ、ここで二人とも死ぬわけにはいかない、私を売って、あなたが帰る費用にしてほしい、と。妻は我を通して肉屋へ行き、数千銭を受け取って夫に渡す。城門で怪しまれた夫が事情を話すが信じてもらえず、守衛とともに肉屋に行くと、妻の首が切られて柱にぶら下げられていたという。

一八世紀、ボルネオ内陸部の習俗として売り首があったという記録がある。親を埋葬するときにすげ替える他人の首が売られていた、あるいは首が必要なときのために人が売られていたという。孫太郎『漂流天竺物語』『華夷九年録』などに記されている（岩尾龍太郎『江戸時代のロビンソン』による）。

【文献】平岡聡『ブッダが謎解く三世の物語（ディヴィヤ・アヴァダーナ全訳）』。

50（59）馬車から下りて沙門に挨拶する王

【既訳】Chavannes, No. 144.

【類話】『法苑珠林』巻一九・敬僧篇第八・述意部第一、『諸経要集』巻二・順益縁第二（いずれも本経より）。

51（60）自分の遺骨をいとおしむ魂

【既訳】Chavannes, No. 145.

【類話】『天尊説阿育王譬喩経』第一〇話後半（前半は逆に、鬼神となって自分の遺体を鞭打つ話）。『経律異相』

四四・六「神識還摩婆故身之骨」（本経より）と四六・一五「鬼還鞭其故屍」（生前多くの悪事を犯して悪道に堕ちたと自分の遺体を鞭打つ魂の話。譬喩経より）。『法苑珠林』巻五七・債負篇第六五・引証部第二（譬喩経の前半より）と『諸経要集』巻九・債負縁第四（譬喩経より。いずれも『経律異相』四六・一五とほぼ同文）。自分の遺体を鞭打つ話は「寒林に屍を打つ」という成句のもとになり、この成句は謡曲『山姥』にも使われている。

52 （61） 鬼に動じぬ沙門

【既訳】Chavannes, No. 146.『全集』⑤三〇九〜三一〇ページ「僧と鬼」。『大系』⑨七一〜七三ページ「鬼と修行者」。

【類話】『経律異相』一九・二二「沙門偶鬼変身乍有乍無」（一巻雑譬喩経より）。『仏説雑蔵経』（法顕訳）に両肩に目、胸に口と鼻があり、頭のない鬼が目連の前に現われ、どうしてこんなふうなのかと問う話がある（『経律異相』四六・一三「餓鬼請問目連所因得苦」。『法苑珠林』巻七〇・受報篇第七九・悪報部第一一と『諸経要集』巻一三・受報部第二二・悪報縁第九は、出典を誤って「雑宝蔵経」としている）。『高僧伝』巻一一の習禅篇「釈慧嵬」はこの説話を利用している。

頭はあるが眼も鼻も口もない人間と遭遇して恐怖のあまりに逃げ出す話にハーンの『貉』がある。

53 （62） 日月も私を見ている

【既訳】Chavannes, No. 147.『仏教譬喩説話集』八三「独りを慎む」。

【類話】『ジャータカ』三〇五「品性検査前生物語」。『ジャータカ・マーラー』一二「婆羅門本生」。

54 （63） 同じ地獄の釜に落ちた六人の男

【既訳】Chavannes, No. 148.

【類話】『ジャータカ』三一四「鉄釜前生物語」と四一八「八つの音声前生物語」。『根本説一切有部毘奈耶雑事』巻二四（猛光王の見た夢の中の話として）。『法苑珠林』巻六七・怨苦篇第七七・地獄部第七（本経より）。『諸経要集』巻一八・業因縁第七（本経より）。『ダンマパダ全詩解説』（法句六〇の因縁話。銅釜地獄に落ちた四人の男の呻き声を聞いた王が、その言葉の意味を仏陀に説いてもらう。ブッダゴーサ『法句註』五・一の後半）。『シッディ・クール』一五（吉原訳では「呪文の効能」、西脇編では「アブリーシカ」）に、殺された王子の残した謎の一言を解くことで殺人犯を見つけ出す話がある。

六人が発した言葉「に」「お」「あ」「い」「だ」「あれ」は原文では「沙」「那」「特」「渉」「姑」「陀羅」だが、原文においては特に仏陀の説き明かしの冒頭の語とはなっていないし、説き明かしの語句の中にも含まれていない。この一ないし二語は、あるいはサンスクリット語などの音写なのかもしれない。

55 （64） 手に入れた宝は鉛や錫

【既訳】ジュリアン『アヴァダーナ』LXI（ほぼ本訳文の第三〜四段落目に相当する部分訳）。Chavannes, No. 149.

56 (65) 仏陀にたしなめられた目連

【既訳】Chavannes, No. 150（要約）.『全集』⑤二九五～二九六ページ「神通力くらべ」。

【類話】『高僧伝』巻一一の習禅篇「釈玄高」に、禅門を究め尽くしたとうぬぼれる僧に玄高が神通力を使って、諸仏の説く法門はそのようなものではないということを見せたエピソードが語られている。

57 (66) 天神になった龍王

【既訳】Chavannes, No. 151（要約）.『全集』⑤二七八～二八一ページ「乱暴な竜王」。『大系』⑨一二～一八ページ「天人になった竜王」。

【類話】『経律異相』四一・八「抜抵婆羅門瞋失弟子生悪龍中為仏所降」（本経より）。『甲子夜話』巻二一・八は『雑談集』曰くとして、勢州桑名に一目連という山があり、その山に片目の龍が棲む、その山から雲が湧き出るときには必ず暴風雨が起こり、あるとき大石が民家数百軒を押し潰し、地中に六から七尺埋め込んだ鳥居を遠くへ吹き飛ばしたことがあったという（『雑談集』にこの記事は見えない）。本話の背後にも、あるいはそうした自然現象（隕石か）があるのかもしれない。

58（67）誉められて改心した人々

【既訳】Chavannes, No. 152（要約）.『譬喩聖話』一九「文殊の説法」。『全集』⑤二九七～二九九ページ「度し難い人々」。『仏教譬喩説話集』一八九～一九一ページ「文殊の説法」。

59（68）仏陀の愁いが喜びに変わる

【既訳】Chavannes, No. 153（要約）.『全集』⑤三〇〇～三〇二ページ「仏の喜憂」。

60（69）仏陀に捧げ物をする少年

【既訳】Chavannes, No. 154（要約）.『全集』⑤三〇三～三〇五ページ「少年の願い」。

61（70）仏陀の教えに従って豚の身に生まれ変わるのを免れた天人

【既訳】Chavannes, No. 155.『全集』②二二六～二二九ページ「天人の七衰」。『仏教譬喩説話集』三〇八～三〇九ページ「天人の受けた三帰戒」。

【類話】『衆経撰雑譬喩』一一。『経律異相』二・六「忉利天命将終七瑞見偶仏得生人中」（折伏羅漢経より）と

二・八「三十三天応生猪中転入人道」（増一阿含第一九巻より）。『法苑珠林』巻八七・受戒篇第八七・三帰部第三・功能部第二（本経より）。『嗟《しゃ》韈《べつ》曩《のう》法《ほう》天《てん》子《し》受《じゅ》三《さん》帰《き》依《え》獲《かく》免《めん》悪《あく》道《どう》経《きょう》』。『ブッダが謎解く三世の物語（ディヴィヤ・アヴァダーナ全訳）』一四「豚への再生を免れた天子」。

生まれるやすぐに口をきく赤ん坊（能施）を畏れて皆が逃げ出す中、母だけが子を守るというモチーフが『大智度論』巻一二（『大智度論の物語』No.126「ブッダ――ボサツの布施」）に見られる。

後半、生まれ変わったのちの部分に似た話が『賢愚経』四（『経律異相』三五・一四「長者新生一子即識本縁求母請仏甘味自下」はこの要録）にある。

本話には天人の七衰が記されているが、ふつうに言われるのは五衰である。『増一阿含経』巻二四（善聚品第三二・六）は本話に記されている七衰の第二、四、五、七と違叛、同書巻二六（等見品第三四・三）は同じく第一、二、四、七と汚臭、『根本説一切有部毘奈耶薬事』巻六は同じく第二、四、五、七と口臭、『過去現在因果経』巻三・二五は同じく第一、二、五、七とまばたきを挙げている。

【文献】平岡聡『ブッダが謎解く三世の物語（ディヴィヤ・アヴァダーナ全訳）』。

書誌（索引を兼ねる）

（文献欄に挙げたごく少数以外は書名を見出し語とした。仏典は大正新脩大蔵経の巻数のみを記す。末尾の数字は『旧雑譬喩経』所収話の番号を表わす）

Aarne, A.（*Der tiersprachenkundige Mann und seine neugierige Frau*, FFC, No.15, Helsinki, 1914）…21

ATU（Hans-Jörg Uther, *The Types of International Folktales*, FFC, No. 284, 2004）…2、7、18、19、21、24、25、26、27a、29、33、39a、47

Chauvin, V.（*Bibliographie des Ouvrages Arabes*, Tomes I-XII, 1892-1922）…19

Clouston, W.A.（*Popular Tales and Fictions*, 1887; rpt. Kessinger Publishing, 2011）…24

Clouston, W.A.（*A Group of Eastern Romances and Stories from Persian, Tamil, and Urdu*, 1889/rpt. BiblioLife, n.d.）…2、19

Cosquin, E.（*Le prologue-cadre des Mille et une nuits*, in: *Études folkloriques*, pp. 265-309, 1922）…16

Eberhard, W.（*Typen chinesischer Volksmärchen*, FFC, No. 120, Helsinki, 1937）…7、24

Mette, A.（"The tale of the elephant-driver in its Āvaśyaka version", in: *Siddhantacharya Pandit Kailashchandraji Shastri Abhinandana Granthā*, Rewa, M.P., 1980, pp. 549-559, 未見）…16

Schwarzbaum, H.（*Studies in Jewish and World Folklore*, Walter de Gruyter, Berlin 1968）…19、24

阿育王経（大正新脩大蔵経第五〇巻所収。No. 2043）…14 b
阿育王伝（大正新脩大蔵経第五〇巻所収。No. 2042）…14 b
アーヴァシュヤカ・チュールニ（Jinadāsa, *Āvaśyakacūrṇi*. In : *The Clever Adulteress and Other Stories*, ed. by Ph. Granoff, Mosaic Press, 1991/2008. 該当部分は N. Balbirの訳、pp. 21-24. ĀvC I 461, 13 - 465, 6）…16、20、25
アヴァダーナ（S. Julien, *Contes et Apologues indiens inconnus jusqu′ce jour*, t. 1, 1860/rpt. Nabu Public Domain Reprints, n.d.）…20、22、39 a、55
アーウィン、必携アラビアン・ナイト、西尾哲夫訳、平凡社…24
アエソピカ（ペリー。B.E. Perry, *Aesopica*, The Univ. of Illinois Press, 1952/rpt. Arno Press, New York, 1980）…21
悪魔との対話（サンユッタ・ニカーヤⅡ。中村元訳、岩波文庫）…1
アフガニスタン民話集ムルグイとミロス（片山ふえ・正村和子訳、東洋文化社）…2
アラビアン・ナイト（カルカッタ第2版、前嶋信次・池田修訳、平凡社東洋文庫）…2、7、16、18、21、24、27 a、33、40、43 a
アラビアン・ナイト補遺（R. Burton, *Supplemental Nights*, 1886-88）…18、19、24
アラブの民話（イネア・ブシュナク、久保儀明訳、青土社）…19、25
アンピトルオ…15
プラウトゥス（木村健治訳『ローマ喜劇集1』京都大学学術出版会）
モリエール（アンフィトリヨン、鈴木力衛訳『モリエール全集2』中央公論社）
クライスト（アンフィトリオン、中田美喜訳『クライスト名作集』白水社／アンフィートリュオン、佐藤恵三訳『クライスト全集2』沖積社）

ジロドゥ（アンフィトリオン38、諏訪正訳『ジロドゥ戯曲全集1』白水社）
異苑（劉敬叔。明治書院『中国古典小説選2』四三一～四三二ページ「優しいオウム」）…23
泉鏡花（妙齢、知ったふり、かしこき女。『鏡花全集』27、28、岩波書店）…17、18、25
イソップ寓話集（中務哲郎訳、岩波文庫。ペリー『アエソピカ』ギリシア語部全四七一話の訳）…20、33、39a
イソップ寓話集（シュタインヘーヴェル。H. Österley, *Steinhöwels Äsop*, Bibliothek des Litterarischen Vereins in Stuttgart, CXVII, 1873）…2
イソップの生涯（渡辺和雄訳『イソップ寓話集1』所収、小学館）…43a
イソップ風寓話集（パエドルス、岩谷智訳、国文社、叢書アレクサンドリア図書館X「イソップ風寓話集」所収）…29
伊曾保物語（大塚光信、角川文庫『キリシタン版エソポ物語』、臨川書店『エソポのハブラス』所収／武藤禎夫校注の万治絵入本、岩波文庫）…2、39a
イタリア・ノヴェッラの森、米山喜晟・鳥居正男、非売品
一切智光明仙人慈心因縁不食肉経（大正新脩大蔵経第三巻所収。No. 183）…45
田舎者と小鳥の歌（リドゲイト。Lydgate, *The Churl and the Bird*, in: *The Minor Poems of John Lydgate*, Part II. EETS OS 192）…2
井上敏幸（西鶴文学の世界——中国文学とのかかわり。「講座日本文学、西鶴、上」所収、一九一～二一八ページ、至文堂、昭和五三年）…18、24
イランの口承文芸（竹原新、溪水社）…21、25
イリヤ・ムウロメツ（筒井康隆、講談社文庫）…18
イル・ノヴェッリエーレ（セルカンビ。『イタリア・ノヴェッラの森』による）…15、18、19、25

インドの驚異譚（ブズルク・ブン・シャフリヤール、家島彦一、平凡社東洋文庫）　27ａ、39ａ

インドの笑話（田中於菟彌・坂田貞二、春秋社）…24

インドの民話（ラーマーヌジャン、中島健訳、青土社）…7、26、27ａ、33

ヴァレリウス・マクシムス（Valerius Maximus, *Factorum et dictorum memorabilium*, ed. C. Kempf, Teubner, 1982）…27ａ、39ａ、40

宇治拾遺物語（中島悦次校註、角川文庫）…15

美しきマゲローネ（ティーク、佐藤恵三訳『ドイツ・ロマン派全集1・ティーク』所収、国書刊行会）…27ａ

麗わしのマゲローナ（藤代幸一訳、ドイツ民衆本の世界Ⅳ所収、国書刊行会）…27ａ

エクセンプラ（ジャック・ド・ヴィトリ『説教用例話集』。Th.F. Crane, *The Exempla or illustrative stories from the sermons vulgares of Jacques de Vitry*, Folk-Lore Society, 1890/rpt. Kraus Reprint, 1967）…2、14ａ

エソポ物語（大塚光信、角川文庫『キリシタン版エソポ物語』、臨川書店『エソポのハブラス』所収）…39ａ

江戸時代のロビンソン（岩尾龍太郎、新潮文庫）…49

江戸の性談（氏家幹人、講談社文庫）…16

選ばれし人（トーマス・マン、佐藤晃一訳『トーマス・マン全集Ⅶ』新潮社）…27ａ

エンドウ豆の上に寝たお姫様（アンデルセン。大畑末吉訳『アンデルセン童話集』1所収、岩波文庫）…19

黄金伝説（ヤコブス・デ・ウォラギネ、前田敬作ほか訳、人文書院／平凡社ライブラリー）…2、40、49

王子とデルヴィッシュ（ヘブライ語版バルラームとヨアサフ。*Prinz und Derwisch oder die Makamen Ibn-Chisdais,* W.A. Meisel, Pest 1860/Breslau 1885）…21、24

王書（フェルドウシー、黒柳恒男訳、平凡社東洋文庫／『ペルシアの神話』泰流社）…17

王と四人の大臣（原題『アラケーサ王物語』→ Clouston, *A Group of Eastern Romances and Stories*, pp. 193-233）…19、40

鸚鵡七十話（田中於菟彌訳、平凡社東洋文庫）…15、20、25

伽婢子（浅井了意、江本裕校訂、平凡社東洋文庫）…47

華夷九年録（孫太郎。『江戸時代のロビンソン』による）…49

艾子雑説（蘇軾、松枝茂夫編訳・中国古典文学大系五九「歴代笑話選」所収、平凡社）…46

過去現在因果経（大正新脩大蔵経第三巻所収。No. 189）…61

可書（劉守華『中国民間故事史』所収、湖北教育出版社／『朝鮮民譚集』付録一八）…24

カターコーシャ（*The Kathakoca or Treasury of Stories*, tr. by C.H. Tawney, 1895/rpt. Kessinger Legacy Reprints, n.d.）…7

カター・サリット・サーガラ（Somadeva, ①Tawney/Penzer, *The Ocean of Story*, London, 1924-28 / ②J. Mehlig, *Der Ozean der Erzählungsströme*, Kiepenheuer, 1991）…17、18、39 a

語りつぐ人びと＊アフリカの民話（江口一久・西江雅之ほか訳、福音館文庫）…21

甲子夜話（一八四〇年頃。松浦静山、中村幸彦・中野三敏校訂、平凡社東洋文庫）…57

カリーラとディムナ（イブヌ・ル・ムカッファイ、菊池淑子訳、平凡社東洋文庫）…12、39 a

カリーラとディムナ（古典シリア語旧訳。*Kalila und Dimna*, Syrisch und Deutsch, Volume 1-2, Fr. Schulthess, 1911/rpt. Nabu Public Domain Reprints, 2011）…39 a

川口義照（中国仏教における経録研究、法蔵館）…6

韓国昔話の研究（崔仁鶴、弘文堂）…15、24

カンタベリー物語（チョーサー、西脇順三郎訳、ちくま文庫／桝井迪夫訳、岩波文庫）…24、26
堪忍記（浅井了意、「近世文学資料類従・仮名草子篇」所収、勉誠社）…47
奇談雑史（宮負定雄。佐藤正英・武田由紀子校訂・注、ちくま学芸文庫）…40
義務について（キケロ、泉井久之助訳、岩波文庫）…40
経律異相（大正新脩大蔵経第五三巻所収。No. 2121）…1、3、6、7、8b、10、11、15、16、21、23、31、32、34、37、40、45、48、51、52、57、61
切り株の中の死神（H・ザックス、藤代幸一・田中道夫訳『ハンス・ザックス謝肉祭劇全集』所収、高科書店）…24
ギリシア神話集（ヒュギーヌス、松田治・青山照男訳、講談社学術文庫）…40
ギリシア哲学者列伝（ディオゲネス・ラエルティオス、加来彰俊訳、岩波文庫）…29
金牛の鎖（澤田瑞穂、平凡社）…24
金玉鳳凰（田海燕編。『チベットのものいう鳥』の原典）…24
寓話（ラ・フォンテーヌ、今野一雄訳、岩波文庫）…39a、47
狂えるオルランド（アリオスト、脇功訳、名古屋大学出版会）…18
グレゴーリウス（ハルトマン・フォン・アウエ、中島悠爾訳『ハルトマン作品集』所収、郁文堂）…27a
ゲスタ・ロマノールム（伊藤正義訳、篠崎書林〈添えたタイトルはこれに拠る〉／永野藤夫訳『ローマ人物語』東峰書房）…2、14a、15、27a、40、49
ゲスタ・ロマノールム（グレーセ版。*Das älteste Mährchen= und Legendenbuch des christlichen Mittelalters, oder die Gesta Romanorum*, J. G. Th. Gräße, 2. wohlfeilere Ausgabe, 1847/rpt. Sändig Reprint Verlag, 1984）…21
玄怪録（牛僧孺、前野直彬編訳、中国古典文学大系二四「六朝・唐・宋小説選」所収、平凡社）…18

賢愚経（大正新脩大蔵経第四巻所収。No. 202）…7、8b、14b、16、34、40、61

賢劫経（大正新脩大蔵経第一四巻所収。No. 425）…23

元史（諏訪原研による）…40

高僧伝（慧皎、吉川忠夫・船山徹訳、岩波文庫）…42a、45、48、52、56

合類大因縁集（井上敏幸による）…24

コーカサス民話集（片山ふえ編訳、東洋文化社）…21

黄金の牧場（マスウーディー。Mas'udi, *Les Prairies d'Or*, revue et corrigée par Ch. Pellat, Société asiatique, 5 vols. Paris, 1962 - 1997）…19

小鳥の歌（*Le lai de l'Oiselet*, in: G. Paris, *Légendes du moyen âge*, pp. 274 - 291, Hachette 1903/rpt. Rodopi, 1970）…2

五之治昌比呂（『走れメロス』とディオニュシオス伝説、西洋古典論集16所収、1999）…40

小話集（ティモネーダ。Timoneda, *El Patrañuelo*, ed. F.R. Morcuende, Clásicos Castellanos 101, Espasa-Calpe, 1973）…18、25

五分律（大正新脩大蔵経第二二巻所収。No. 1421）…23、37、39a、43a

小堀桂一郎（①「小鳥の歌」の伝承（一）（二）、比較文学研究22および24所収、1983, 1985。②「小鳥の唄」の発祥、比較文学研究65所収、1994。③イソップ寓話、中公新書／講談社学術文庫）…2

古本説話集（高橋貢全訳注、講談社学術文庫）…15

今昔物語集（国東文麿訳注、講談社学術文庫／佐藤謙三校注、角川文庫）…3、7、8b、15、31、32、39a、45、49

コント（ラ・フォンテーヌ、三野博司・木谷吉克・寺田光徳訳『ラ・フォンテーヌの小話』社会思想社教養文庫）…18

根本説一切有部苾芻尼毘奈耶（大正新脩大蔵経第二三巻所収。No. 1443）…7、16、28

根本説一切有部毘奈耶（大正新脩大蔵経第二三巻所収。No. 1442）…19、27a、39a
根本説一切有部毘奈耶雑事（大正新脩大蔵経第二四巻所収。No. 1451）…7、17、19、20、54
根本説一切有部毘奈耶破僧事（大正新脩大蔵経第二四巻所収。No. 1450）…7
根本説一切有部毘奈耶皮革事（大正新脩大蔵経第二三巻所収。No. 1447）…19
根本説一切有部毘奈耶薬事（大正新脩大蔵経第二四巻所収。No. 1448）…19、23、31、45、61
西鶴諸国ばなし（井原西鶴、暉峻康隆訳注、小学館ライブラリー）…18
定方晟（旧雑譬喩経とアラビアンナイト、PR誌「春秋」No. 232, 1982）…16、18
薩婆多毘尼毘婆沙（大正新脩大蔵経第二三巻所収。No. 1440）…37
雑話筆記（神田白竜子。『江戸の性談』による）…16
ザディーグ（ヴォルテール、植田祐次訳『カンディード他五篇』所収、岩波文庫）…19
サマラーイッチャ・カハー（ハリバドラ。ヴィンテルニッツ『ジャイナ教文献』一三四ページ以下による）…16
小夜啼き鳥（ハンス・ザックス。職匠歌nr. 579. *Hans Sachs Sämtliche Werke*, Bibliothek des Litterarischen Vereins in Stuttgart, 1870-1908/rpt. Hildesheim, 1964）…2
三国遺事（一然、一二八九年没。大正新脩大蔵経第四九巻所収。No.2039）…7
サントスの御作業（バレト写本、尾原悟『サントスのご作業』教文館／加津佐版、福島邦道『サントスの御作業』勉誠社）…2、49
三国志（陳寿、裴松之注。ちくま学芸文庫）…19、35、37、43a
三国伝記（玄棟、池上洵一校注、三弥井書店）…32
三宝絵（馬淵和夫・小泉弘・今野達『三宝絵・注好選』新日本古典文学大系31、岩波書店）…8b、13、40

屍鬼二十五話（ソーマデーヴァ、上村勝彦訳、平凡社東洋文庫）…19

獅子座三十二話（*Siṃhāsana Dvātriṃśikā--Thirty-Two Tales of the Throne of Vikramaditya.* tr. by A. N. D. Haksar, Penguin Classics, 1998）…7

耳談（王同軌。澤田瑞穂『金牛の鎖』による）…24

シチリアのロベルト（「シシリーのロバート」、大槻博訳『英国中世ロマンス』旺史社／吉岡治郎訳『中世英国ロマンス集3』所収、篠崎書林）…15

シッディ・クール（吉原公平訳『蒙古シッディ・クール物語』ぐろりあ・そさえて／西脇隆夫編『モンゴル説話集　シッディ・クール』溪水社）…54

四分律（大正新脩大蔵経第二二巻所収。No. 1428）…43ａ

ジャイナ教文献（ヴィンテルニッツ、中野義照訳、日本印度学会、1976）…16

沙石集（無住、渡辺綱也校注〈梵舜本〉、日本古典文学大系85、岩波書店）…14ａ、49

ジャータカ（中村元監修『ジャータカ全集』春秋社）…1、2、7、12、15、16、17、18、19、20、21、23、24、25、27ａ、28、29、31、39ａ、40、45、47、48、53、54

ジャータカ・マーラー（干潟龍祥・高原信一訳、インド古典叢書、講談社）…23、40、45、53

嗟韈曩法天子受三帰依獲免悪道経（大正新脩大蔵経第一五巻所収。No. 595）…61

十誦律（大正新脩大蔵経第四巻所収。No. 1435）…20

十二国記（小野不由美、講談社文庫）…7

修養小話―印度古代お伽草子（赤松大励、明治三九年）…20、22、47

衆経撰雑譬喩（大正新脩大蔵経第四巻所収。No. 208）…6、8ｂ、12、61

修行道地経（大正新脩大蔵経第一五巻所収。No. 606）…19
衆許摩訶帝経（大正新脩大蔵経第三巻所収。No. 191）…28
出曜経（大正新脩大蔵経第四巻所収。No. 212）…15、40、48、49
春波楼筆記（司馬江漢、武笠三校訂『名家随筆集下』所収、有朋堂文庫）…2
生経（大正新脩大蔵経第三巻所収。No. 154）…4、45
笑賛（趙南星、松枝茂夫編訳、中国古典文学大系五九「歴代笑話選」所収、平凡社／諏訪原研、一八「不孝者のへらず口」／中国古典小説選12『笑林・笑賛・笑府他』一八八ページ「卜占子」、明治書院）…19、46
冗談とまじめ（パウリ、名古屋初期新高ドイツ語研究会訳、同学社）…25
笑話集（バール・ヘブラエウス。*The Laughable Stories collected by Bar-Hebraeus*, E.W. Budge, 1897/rpt. Gorgias Press, 2003）…2
書簡集（ホラティウス、田中秀央・村上至孝訳、生活社）…47
所行蔵経（チャリヤー・ピタカ。南伝大蔵経第四一巻所収）…23、28、40、45
諸経要集（大正新脩大蔵経第五四巻所収。No. 2123）…1、7、8b、13、16、17、18、20、22、23、25、39a、49、50、51、52、54
諸国里人談（菊岡沾涼、日本随筆大成・第二期24所収、吉川弘文館）…18
新羅殊異伝――散逸した朝鮮説話集（小峯和明・増尾伸一郎編訳、平凡社東洋文庫）…18
シルクロードの民話三・ウズベク（池田香代子・浅岡泰子訳、ぎょうせい）…24
清誠談（大江文坡。中込重明『落語の種あかし』「落語『風呂敷』再考」による）…24
シンドバードの書の起源（ペリー、西村正身訳、未知谷）…15、18、19、21、25

シンドバード物語（アラビア語ブーラーク版。*Von der argenWeiberlist. Sindbad oder die List der Frauen.* In: *Tausend und eine Nacht*, Bd. X, Reclam jun., Leipzig o.J.）…18
真臘風土記（周達観、一四世紀初頭。和田久徳訳注、平凡社東洋文庫）…18
スカーラ・ケーリー（*Scala Coeli de Jean Gobi*, éd. par Polo de Beaulieu, CNRS, Paris, 1991）…2、40
杉田英明（葡萄樹の見える回廊、岩波書店）…40
須田千里（泉鏡花と中国文学。東郷克美編、日本文学研究資料新集12『泉鏡花・美と幻想』所収、有精堂）…18
スハイル星（カノープス）の輝き（一五世紀末。Al-Kashifi, *The Anwar-i Suhaili or the lights of Canopus*, tr. by A. N. Wollaston, 1877/rpt. Kessinger Publishing, n.d.）…2、39 a
諏訪原研（ちょっと気の利いた漢文こばなし集、大修館書店）…40
聖書（新共同訳、日本聖書協会）…12、31
性の民俗誌（池田弥三郎、講談社学術文庫）…18
説話で綴るイスラム黎明期（後藤三男、ごとう書房）…40
説話の書（サンチェス。Sánchez de Vercial, tr. J.E. Keller, L.C. Keating and E.M. Furr, *The Book of Tales by A. B. C <Libro de los Enxemplos>*, Peter Lang, New York, 1992）…2、40
セレンディッポの三人の王子（クリストフォロ・アルメーノ、徳橋曜監訳、角川学芸出版）…19
仙境異聞（平田篤胤、子安宣邦校注、岩波文庫）…18
宣験記（明治書院『中国古典小説選2』四三一～四三二ページ「優しいオウム」）…23
撰集百縁経（大正新脩大蔵経第四巻所収。No. 200）…45
戦術書（ポリュアイノス、戸部順一訳、国文社）…40

センデバル物語（M. Epstein, *Tales of Sendebar*, The Jewish Publication Society of America, 1967／西村正身訳、作新学院大学紀要11、2001）…25
雑阿含経（大正新脩大蔵経第二巻所収。No. 99）…14b
増一阿含経（大正新脩大蔵経第二巻所収。No. 125）…61
僧迦羅刹所集経（大正新脩大蔵経第四巻所収。No. 194）…23、40
捜神記（干宝、竹田晃訳、平凡社東洋文庫）…33
捜神後記（陶潜、前野直彬編訳、中国古典文学大系二四「六朝・唐・宋小説選」所収、平凡社／李劍國輯校、新輯捜神記・新輯捜神後記、中華書局、二〇〇七）…23
雑談集（一三〇五年。無住、山田昭全・三木紀人校注、三弥井書店）…7、8b、10、23、57
雑譬喩経（失訳、大正新脩大蔵経第四巻所収。No. 205）…9b、40
雑譬喩経（支婁迦讖訳、大正新脩大蔵経第四巻所収。No. 204／定方晟訳『雑譬喩経』訳注、東海大学紀要文学部、第51輯、1989、pp. 47~55）…14a、14b
雑譬喩経（道略集、大正新脩大蔵経第四巻所収。No. 207／小瀧淳『雑譬喩経物語』カオリ社、昭和六年）…16
雑宝蔵経（大正新脩大蔵経第四巻所収。No. 203）…1、7、8b、9b、10、12、23、27b、32、40、45
続玄怪録（李復言。前野直彬編訳、中国古典文学大系二四「六朝・唐・宋小説選」所収、平凡社）…33
続斉諧記（呉均、西岡晴彦訳『幽明録・遊仙窟他』所収、平凡社東洋文庫）…18
第三の書（ラブレー、渡辺一夫訳、岩波文庫／宮下志朗訳、ちくま文庫）…39a
大荘厳論経（大正新脩大蔵経第四巻所収。No. 201）…40、48、49
大智度論（大正新脩大蔵経第二五巻所収。No. 1509／三枝充悳・渡辺章吾『大智度論の物語（1～3）』第三文明社・レ

グルス文庫）…1、6、14a、23、29、31、40、43b、45、61
大唐西域記（玄奘、水谷真成訳、中国古典文学大系22、平凡社）…6、23、45
太平広記（譯注・太平廣記・婦人部、塩卓悟・河村晃太郎編、汲古書院）…49
第四の書（ラブレー、渡辺一夫訳、岩波文庫／宮下志朗訳、ちくま文庫）…39a
タントラーキヤーイカ（*Tantrākhyāyika. Die älteste Fassung des Pañcatantra*, Zweiter Teil, Übersetzung und Anmerkungen von J. Hertel, Teubner, 1909 / *The Panchatantra, A Collection of Ancient Hindu Tales … entitled Tantrakhyayika*, J. Hertel, Harvard University Press, 1915/rpt. HP, n.d.）…39a
ダンマパダ全詩解説（片山一良、大蔵出版）…16、37、39a、54
知恵の教え（*Disciplina Clericalis*、ペトルス・アルフォンシ、西村正身訳、溪水社）…2、18、20、40、47
チェント・ノヴェッレ・アンティケ（『イタリア・ノヴェッラの森』「ノヴェッリーノ」／*Il Novellino <Das Buch der hundert alten Novellen>*, J. Riesz, Reclam, 1988）…19、24
チベットの昔話（シェルトン。*Tibetan Folk Tales*, A. L. Shelton, 1925/rpt. Abela Publishing, London, 2009）24、33
チベットのものいう鳥（田海燕編『金玉鳳凰』、君島久子訳、岩波書店）…24
チベットの物語（シーフナー。*Tibetan Tales*, F.A. von Schiefner, tr. by W.R.S. Ralston, 1905/rpt. Vintage Books, 1991）…16、19、20、24
注好選（『三宝絵』の項を参照）…31、39a
中国艶妖譚（土屋文明訳、徳間文庫）…18
中国・回族の民話〔稿〕（田中瑩一・胡軍訳、島根大学教育学部国語研究室、1993）…24
中国の寓話笑話篇（村山孚編、宝文館）…24

中国昔話集（馬場英子・瀬田充子・千野明日香訳、平凡社東洋文庫）…7、24
中本起経（大正新脩大蔵経第四巻所収。No. 196）…28
朝鮮民譚集（孫晋泰、郷土研究社／勉誠出版）…15、19、24
朝鮮昔話百選（崔仁鶴、日本放送出版協会）…15、24
鶴の亀運び（稲田浩二編『日本の昔話』下、ちくま学芸文庫）…39ａ
デイモンとピシアス（鈴木三重吉、桑原三郎・千葉俊二編『日本児童文学名作集』上所収、岩波文庫）…40
デカメロン（ボッカッチョ、柏熊達生訳、河出書房世界文学全集1／ちくま文庫／平川祐弘訳、河出書房新社）…26
廸吉録（顔茂猷、一六三一年。国会図書館蔵本による。訳は『仏教譬喩説話集』二四九～二五〇ページ「三人の盗賊」にある）…24
天尊説阿育王譬喩経（大正新脩大蔵経第五〇巻所収。No. 2044）…23、51
デンマーク人の事績（サクソ・グラマティクス、谷口幸男訳、東海大学出版会）…19
トゥスクルム談叢（キケロ。Cicero, *Tusculan Disputations*, by J.E. King, Loeb Classical Library, No. 141, 1927/1945）…40
灯草和尚（『中国艶妖譚』所収）…18
道中よもやま話（ヴィクラム、名古屋初期新高ドイツ語研究会訳、講談社学術文庫）…21
トゥーティー・ナーメ
　カーディリー本（*Śukasaptati*, R. Schmidt, München, 1913, pp. 121-236）…2、18、20
　ナハシャビー本（Nakhshabi, *Tales of a Parrot*, M.A. Simsar, Akademische Druck u. Verlagsanstalt, Graz, 1978）…2、16、18、20、21、26

ホータン本（西脇隆夫訳「名古屋学院大学論集、言語・文化篇」13・2、14・1、2002／「人文・自然科学篇」39・2、2003）…2

ローゼン本（G. Rosen, *Das Papageienbuch*, Insel, 1979）…18、20、21

東方見聞録（マルコ・ポーロ、愛宕松男訳注、平凡社東洋文庫／月村辰雄・久保田勝一訳、岩波書店）…18

東洋文学集（カルドンヌ。Cardonne, *Mélanges de literature orientale*. In : *Erzählungen aus 1001 Tag*, Pétis de la Croix, übersetzt von F. P. Greve, Insel, it 1001, 1987, Bd. II, pp. 279-284）…16、25

トマスによる福音書（荒井献、講談社学術文庫）…31

トリスタン（岩波文庫『トリスタン・イズー物語』ほか）…25

鳥を食うて王になった話（南方熊楠、全集第六巻、平凡社）…37

中込重明（『落語の種あかし』「「風呂敷」再考」二四六ページ以下、岩波書店）…24

中務哲郎（①物語の海へ、岩波書店。②書物誕生――ヘロドトス『歴史』、岩波書店。③饗宴のはじまり、岩波書店。④漱石とギリシア奇談、岩波「図書」、二〇一一・一一）…27a、39a、43a

日本昔話通観・研究篇2（稲田浩二編、同朋舎出版）…33、39a

日本昔話通観28・インデックス（稲田浩二・小沢俊夫編、同朋舎出版）…33

庭師と小鳥（→Clouston, *A Group of Eastern Romances and Stories*, pp. 448 - 452）…2

怒族独龍族民間故事選（左玉堂・叶世富・陳栄祥編、上海文芸出版社）…24

バカーヴァリーの薔薇（一七一二年。→Clouston, *A Group of Eastern Romances and Stories*, pp.237 - 352）…2

博物誌（プリニウス、中野定雄・中野里美・中野美代訳『プリニウスの博物誌』雄山閣／Pliny, *Natural History*, by H. Rackham, Loeb Classical Library, No. 353, 1940/1983）…39a

走れメロス（太宰治、新潮文庫／岩波文庫ほか）…40
ハディース（ブハーリー、牧野信也訳、中公文庫）…14ａ、31
林晃平、枝をくわえた亀のゆくへ――亀本生図・覚書――（苫小牧駒澤大学紀要、第二三号、pp. 1-26）…39ａ
バヤン・ブディマン物語（宮武正道訳、生活社）…2、21
薔薇の香油（*Rosenöl*, Joseph Freiherr von Hammer-Purgstall, 1813/rpt. Georg Olms Verlag, 1971）…27ａ
薔薇の名前（U・エーコ、河島英昭訳、東京創元社）…19
パリシシュタ・パルヴァン（Hemacandra, *Sthaviravali Charita or Parisishtaparvan*, Hermann Jacobi, Calcutta, 1891/rpt. Kessinger Publishing, n.d.）…16、20、25
バルラームとヨアサフ…2、10、49
　アラビア語版（*Le Livre de Bilawhar et Budasf*, D. Gimaret, Librairie Droz, Genève-Paris, 1971）
　グルジア語版Ⅰ（*The Balavariani*, D.M. Lang, George Allen and Unwin, 1966）
　グルジア語版Ⅱ（*The Wisdom of Balahvar*, D.M. Lang, George Allen and Unwin, 1957）
　ヘブライ語版＝『王子とデルヴィッシュ』の項を参照
　ギリシア語版（*Barlaam and Ioasaph*, G.R. Woodward and H. Mattingly, Loeb Classical Library, 1983）
ハンガリー民話集（オルトゥタイ、徳永康元他編訳、岩波文庫）…18
パンジャブの昔話（*Folk Tales of the Punjab*, F.A. Steel, Encyclopaedia of Indian Folkliterature, vol. 1, Cosmo Publications, New Delhi, 2000）…7
パンチャタントラ（アラビア語版 ↓ カリーラとディムナ、ペルシア語版 ↓ スハイル星の輝き）…20、39ａ
　小本（田中於菟弥・上村勝彦訳、アジアの民話12、大日本絵画）

プールナバドラ本（広本、宗茅生訳『五章の物語』平凡社）
人質（シラー、手塚富雄訳、世界文学大系18『シラー』所収、筑摩書房）…40
ヒトーパデーシャ（ナーラーヤナ、金倉圓照・北川秀則訳、岩波文庫）…39ａ
毘尼母経（大正新脩大蔵経第二四巻所収。No. 1463）…43ａ
百一夜物語（*Les Cent et Une Nuits*, traduites par M. Gaudefroy-Demombyne, Paris, Sindbad, 1982, pp. 24-29／鷲見朗子訳、河出書房新社、九～二四ページ／西村正身訳、作新学院大学紀要14、2004と作大論集2、2012（「王子と七人の大臣の物語」のみ）／*101 Nacht*, übertr. von C. Ott, Manesse, Zürich, 2012, pp. 5-14）…7、16
譬喩聖話（川崎顕了、興教書院、明治四〇）…2、8ａ、10、28、39ａ、40、47、58
ピュタゴラス伝（イアンブリコス、佐藤義尚訳、国文社）…40
漂流天竺物語（孫太郎。『江戸時代のロビンソン』による）…49
ファーキハット・アル・フラファー（V. Chauvin, *Bibliographie des Ouvrages Arabes*, II, 1897, p.194による）…24
フィローコロ（ボッカッチョ。柏熊達生訳『デカメロン』の注による）…26
福蓋正行所集経（大正新脩大蔵経第三二巻所収。No. 1671）…27ａ
普達王経（大正新脩大蔵経第一四巻所収。No. 522）…49
仏教譬喩説話集（青山社編集部。脚色・意訳・部分訳）…8ａ、11、16、20、22、28、31、36、37、38、40、43ａ、46、47、49、53、58、61
仏五百弟子自説本起経（大正新脩大蔵経第四巻所収。No. 199）…28
仏説雑蔵経（大正新脩大蔵経第一七巻所収。No. 745）…52
仏説鹿母経（大正新脩大蔵経第三巻所収。No. 182）…40

ブッダが謎解く三世の物語（ディヴィヤ・アヴァダーナ全訳、平岡聡訳、大蔵出版）…7、8b、14b、49、61
ブッダ・チャリタ（梶山雄一他訳、原始仏典10、講談社／原実訳、中公文庫）…28
仏典説話を現代語で読む（長野一雄訳、『経律異相』から一五八話の選訳、勉誠出版）…37、45
仏母大孔雀明王経（大正新脩大蔵経第一九巻所収。No. 982）…2
付法蔵因縁伝（大正新脩大蔵経第五〇巻所収。No. 2058）…10、16、49
布里亜特蒙古民間故事集（郝蘇民・薛守邦訳編、中国民間文芸出版社、1984）…21
ブリハットカターコーシャ（ハリシェーナ。『アーヴァシュヤカ・チュールニ』に挙げた文献のpp. 118-139. F. Hardyの訳）…16
ブリハットカターマンジャリー（クシェーメーンドラ。松村恒③「口中の愛人」による）…18
ペリー（シンドバードの書の起源、西村正身訳、未知谷）…15、18、19、21、25
法苑珠林（大正新脩大蔵経第五三巻所収。No. 2122）…1、2、7、8b、10、11、13、15、16、17、18、19、20、22、23、25、31、32、34、38、39a、45、46、49、50、51、52、54、61
宝物集（小泉弘・山田昭全校注『宝物集・閑居友・比良山古人霊託』所収、新日本古典文学大系40、岩波書店）…16、22、40
墨子（藪内清訳注、平凡社東洋文庫）…7
菩薩本縁経（大正新脩大蔵経第三巻所収。No. 153）…45、48
菩薩本生鬘論（大正新脩大蔵経第三巻所収。No. 160）…45
法句註（ブッダゴーサ。*Buddhist Legends*, E.W. Burlingame, 1921 / rpt. BiblioLife, n.d.）…16、37、39a、54
法句譬喩経（大正新脩大蔵経第四巻所収。No. 211）…7、29

前嶋信次（アラビアン・ナイトの世界、講談社現代新書／平凡社ライブラリー）…16、18

摩訶僧祇律（大正新脩大蔵経第二二巻所収。No. 1425）…2、29、39ａ、43ａ

マスナヴィー（Rumi, *The Masnavi*, Book 2, tr. by J. Mojaddedi, Oxford World's Classics, 2008）…19

松原秀一（中世ヨーロッパの説話、中公文庫〈東京書籍『中世の説話』の改版〉）…2

松村恒（①物語伝搬における仏典の役割――「小鳥の教訓」を一例にして――、『四天王寺』五〇一、1982、pp. 38-56。②"Le lai de l'oiselet in Oriental Literature", in: *Kalyana-mitta: Prof. H. Nakamura Felicitation Vol.*=Bibliotheca Indo-Buddhica 86, Delhi: Sri Satguru Publications, 1991, pp. 1-14. ③ガストン・パリスと物語インド起源説／口中の愛人、Analecta Indica、親和女子大学研究論叢24、1991、pp. 64-68/76-87。④「カメの空中飛行」書誌、Analecta Indica、親和女子大学研究論叢25、1992、pp. 157-177。⑤根本有部律衣事に引かれた物語と詩節、Web）…2、18、39ａ

マルズバーン・ナーメ（*Tales of Marzuban*, tr. by R. Levy, Thames and Hudson, London, 1959）…24

南シベリアのトルコ族民衆文学選集（W. Radloff, *Proben der Volkslitteratur der türkischen Stämme Süd-Sibiriens*, III Theil, St. Petersburg, 1870）…19、26

狢（ハーン、平川祐弘編『怪談・奇談』所収、講談社学術文庫）…52

椰子の葉（*Palmblätter*, nach der J.G. Herder und A.J. Liebeskind besorgten Ausgabe neu hrsg. von H. Hesse, Insel, 1914/1979）…40

八つの天国（アミール・ホスロー。『セレンディッポの三人の王子』解説による）…19

山姥（謡曲全集、国民文庫刊行会、上巻）…51

柳田国男・南方熊楠往復書簡集（飯倉照平篇。平凡社ライブラリー）…18

有福詩人（幸田露伴、「露伴全集」第二二巻、岩波書店）…47

酉陽雑俎（段成式、今村与志雄訳、平凡社東洋文庫）…18
ユダの泉（*Born Judas*, M. bin Gorion, Insel, 1959）…2、21
ラビたちの譬え話（Gaster, *The Exempla of the Rabbis*, 1924/rpt. KTAV Publishing House, 1968）…19
劉守華（仏教故事与中国民間故事演変、上海古籍出版社、二〇一二）…24、39a
ルカノール伯爵（ドン・フアン・マヌエル、牛島信明・上田博人訳、スペイン中世・黄金世紀文学選集3、国書刊行会）…15
盧至長者因縁経（大正新脩大蔵経第一四巻所収。No. 539）…15
霊鬼志（『法苑珠林』巻六一／魯迅、第五篇／明治書院『中国古典小説選2。捜神記・幽明録・異苑他』六一～六七ページ「口の中から」）…18
レウキッペーとクレイトポーン（アキレウス・タティオス、引地正俊訳、筑摩・世界文学大系64『古代文学集』所収／中谷彩一郎訳、京都大学学術出版会）…25
歴史（ヘロドトス、松平千秋訳、岩波文庫）…15、18、27a、33、43a
レ・ピアチェーヴォリ・ノッティ（ストラパローラ。『イタリア・ノヴェッラの森』による）…21、25
六度集経（大正新脩大蔵経第三巻所収。No. 152）…2、7、16、36、40、45
ロシア民話集（アファナーシエフ、中村喜和訳、岩波文庫）…21
魯迅（中国小説史略、今村与志雄訳、ちくま学芸文庫）…18
吾輩は猫である（夏目漱石、岩波文庫ほか）…39a

解説

一　康僧会の伝記

本書『旧雑譬喩経』の訳者である康僧会の伝記は、『大正新脩大蔵経』の目録部や史伝部を探すと、ある程度まとまった内容のものが六種類ほど見つかる。年代順に挙げると以下のようになる。①僧祐『出三蔵記集』巻一三（五一〇～五一八年）、②慧皎『高僧伝』（別名『梁高僧伝』）巻一（五一九年）、③費長房『歴代三宝紀』巻五（五九七年）、④道宣『大唐内典録』巻二（六六四年）、⑤智昇『開元釈経録』巻二（七三〇年）、⑥円照『貞元新定釈経目録』巻三（八〇〇年）である。そのほかに道世『法苑珠林』巻一三、巻三六、巻七九（六六八年）に一部の抜粋がある。明末の顔茂猷『廸吉録』九「世集・公鑑二・眞修佛道・康僧会開陳報應」（二三ウ）にも九行の短い記述がある。

基本的には現存最古の『出三蔵記集』がベースになっており、それを増補した『高僧伝』によってほぼ伝記は完成したと言っていいようである。僧祐『出三蔵記集』も康僧会が亡くなってからすでに二三〇年以上が経過したときに書かれたものである。今は失われてしまっているが、それまでのさまざまな目録や記録類を利用して書かれたようなので、ひとまずはその記述を信じるしかない。その記述のほぼすべてを利用して増補したのが慧皎『高僧伝』の記述である。これは、二〇〇九～一〇年に吉川忠夫・船山徹両氏による翻訳（岩波文庫）が出て、近づきやすくなった。

ここでは主として慧皎『高僧伝』巻一に拠って簡単に康僧会の生涯をたどってみることにしよう。

康僧会（?～二八〇年）の先祖は、その名から分かるように康居（ソグディアナのサマルカンド）の出身であるが、代々インドで生活していた。父親の代に商売のために、当時、後漢王朝の領土であり、引き続き呉の領土となった交趾（現在のヴェトナム、ハノイ周辺の紅河デルタ地帯。ヴェトナム語でジャオチ。フランス語文献ではトンキン）に移住した。三世紀に入って少し経ったころであろうか。康僧会は商人の息子ということになる。唐の法琳『破邪論』巻上（六二二年）が康居国の主席大臣（大丞相）の長男とし、唐の靖邁『古今訳経図紀』巻一（六六四年以降）がそれにならっているが、この点は無視していいであろう。

当時のヴェトナム、ハノイ周辺は大変活気に満ちたところであった。少し長くなるが小倉貞男『物語ヴェトナムの歴史』（中公新書、一〇〇ページ）より引用させていただく。

　ヴェトナムに仏教が入ってきたのは二世紀半ばころで、インドから海路を通じて入ってきたというのが一般的である。最近のヴェトナム仏教史研究ではインドからはじまった仏教の東方への伝播の流れのなかでヴェトナムのルイラウ（中国支配の時代、太守がいた交州の都だった）、いまのハノイ近郊ハバック省ルイラウ村がもっとも古く栄えた仏教伝来の町だったといわれている。

ルイラウは交州の中心地だった。紅河デルタの水陸の交通網が交差する物資の集散地で、デルタの農産物、工芸品が、高地、産地地帯からは白檀、沈香、象牙などが集まり、ルイラウからは衣料、壺、ガラス製品が交易品として出荷された。付近一帯は桑の木が繁茂し、繭、生糸が生産され、絹の衣服がつくられた。この地にインド、中国、中央アジアの商売人が集まってきた。インド、スリランカ、中央アジアの僧侶たちが中国へ渡る際の中継基地となっており、かれらはここで中国語、習慣を学び、中国への旅をはじめた。中国からインドの仏教を学びに行く僧侶たちはルイラウに来てインドへ旅立った。サンスクリット語、ヴェトナム語、中国語が飛び交う活気に溢れた町で、経典の翻訳はこのルイラウで行われたという。（中略）三世紀半ばころには二〇の仏寺の塔、約五〇〇人の僧侶がいて一五の経典が翻訳されていたという。

康僧会の両親が商売のために移住したのも、おそらくこのルイラウであったろう。岡田英弘『中国文明の歴史』（講談社現代新書、一五〇ページ）によれば、仏教は中央アジアから中国にやってきた商人集団の宗教であったという。康僧会の両親も、あるいはすでに仏教を信仰していたのかもしれない。両親は康僧会が一〇歳あまりのときに亡くなり、喪が明けると康僧会は出家して学問に励み、三蔵（経蔵、律蔵、論蔵）はもとより、六経（易経、書経、詩経、礼経、楽経、春秋経）にも通暁し、文筆の才もなかなかのものであったという。

当時、三国の呉（二二二～二八〇年）の初代皇帝、孫権（在位二二二～二五二年）が支配する長江下流の江南の地では、後漢崩壊の混乱から避難してきた月氏出身で在俗の信者である支謙が仏典の翻訳を行なっていたが、まだ仏教の教えは広まっているとは言えなかった。そのことを知った康僧会は、その地で仏教を盛んにし、仏教寺院を建立したいと考えて旅立ち、呉の赤烏一〇年（二四七年。後述参照）、呉の都建業（現在の南京）に到着し、茅葺きの庵に住み、仏像を造って修行に励んだ（ちなみにこの二四七年は倭の女王卑弥呼が魏に使者を送った九年後である）。沙門を初めて目にする人々に胡散臭く思われて訴えられ、孫権の取り調べを受けることになる。孫権は、後漢の明帝（第二代皇帝、在位五七～七五年）が神を夢に見、それが仏と呼ばれたことを知っていた。康僧会が仕えているのはその末流なのではないかと思って、孫権じきじきの取り調べとなったというわけである。舎利を得ることができたら仏塔を造営してやる、得られなければ刑罰を覚悟せよという孫権の言葉に、康僧会と弟子たちは七日、一四日、二一日と期限を延ばしながら、舎利を得るべく祈願を続ける。二一日を過ぎた夜明け頃、瓶の中に音がして舎利が現われる。孫権がそれを鉄の台の上に置き、力士に撃たせると、台はへこんだが舎利は何の損傷も受けなかった。感服した孫権は約束通りに仏教寺院を建立する。呉の地における最初の寺院（後述参照）であったので、それを建初寺と呼び、寺のある土地を仏陀里と名付けた。かくして江南の仏法は興隆する。

やがて孫皓（第三代末帝、在位二六四～二八〇年）が即位し、仏寺までも破壊しようとする動きが生じるが、康僧会はその難局をも切り抜ける。孫皓は後宮で見つかった金銅の仏像に小便をかけたために体全体が腫れあがり、とりわけ陰部に激痛を感じる。それを康僧会に治してもらったのが縁となって、康僧会から五戒を授かった。

康僧会は建初寺においてさまざまな経典を翻訳する。仏教の教えを広めるために物語性の高い経典を数多く訳したが、その代表的なものが『六度集経』と『旧雑譬喩経』である。「経典の主旨をみごとにつかみ、文章も内容も正確であった」という。『仏書解説大辞典』（大東出版社、一九三三／一九九九年）によると『旧雑譬喩経』は二五一年に訳出された。

呉の天紀四年（二八〇年）四月に孫皓は晋に降服し、呉が滅ぶ。同年の九月に康僧会は病にかかって亡くなった。この年は西晋の武帝の太康元年に当たる。呉の地に来てから三三年。『高僧伝』の訳経篇に記されている僧たちの平均享年はおよそ七三歳なので、仮に康僧会もその年まで生きたとすれば生年は二〇七年と推測できるが、もとよりあくまで推測にしか過ぎない。その後、東晋の成帝の咸和年間（三二六～三三四年）に起こった反乱の際に建初寺は焼けたが、熱心な仏教信者である高官の手によって修築された。

康僧会は、『阿難念弥経』『鏡面王経』『察微王経』『梵皇経』『小品般若経』『六度集経』『雑譬喩経』（本経）などを訳出し、『安般守意経』『法鏡経』『道樹経』に註釈を施したほか、梵唄の歌い方を伝えたという。

以上、主として『高僧伝』（五一九年）によって康僧会の生涯をみてきた。康僧会が呉の地にやって来たのは孫権の赤烏一〇年（二四七年）ということであるが、これに異説を唱えている記録がある。それは『呉書』である。陳寿『三国志』「呉書」巻八、巻二〇等によると、『呉書』の編纂は孫権の末年（二五二年）に始まり、呉国の史官たちが書き継いで韋昭によって最終的にまとめられ、ほぼ目鼻がついたが、賛などが作られぬうちに韋昭が孫晧によって誅殺されてしまい、未完のまま残された。この韋昭の名を冠した『呉書』は、小南一郎によれば、全五五巻から成り、六朝の梁代（五〇二〜五五七年）ころまでは伝えられており、『隋書』「経籍志」（六五六年）の段階で二五巻が残されていたが、現在では諸書に引用された佚文のみが残るだけであるという。この韋昭の『呉書』を削って簡潔にしたものが現存する陳寿の『三国志』「呉書」二〇巻である。陳寿の『呉書』に見られる仏教関係の記事は、巻四に、笮融が建業の北方、広陵や彭城で大々的に仏教寺院を造営した（一九〇年代）とあるのが唯一の記事で、康僧会については触れられていない。笮融の建立による寺院が、あるいは呉の地における最初の仏教寺院であったのかもしれない。

陳寿の『呉書』が康僧会に触れていないのであれば、康僧会に触れている『呉書』とは韋昭の『呉書』ということになる。韋昭が誅殺されたのは二七三年のことであり、康僧会がまだ存命中であったことが注目に値する。この『呉書』によると、康僧会が建業にやって来たのは孫権の赤烏四年（二四一年）のことであり、舎利を破壊しようと試みたのは孫権と孫晧の二人であったという。『高僧伝』「康僧会」の末尾に見られる「ある記録」というのも、この韋昭の『呉書』を暗示しているのかもしれない。この『呉書』の記事は康僧会と同時代の記録であるので、康僧会が建業にやって来たのは赤烏四年（二四一年）のことであったとみなして間違いはないであろうと思われる（『高僧伝（四）』の関係年表、および、ちくま学芸文庫版の陳寿『三国志』「呉書」末尾に添えられている小南一郎作成の年表はいずれも、二四七年、赤烏一〇年の項に康僧会が建業にやって来たことを記しており、これが定説とされてはいるのだが）。

この康僧会に触れている韋昭『呉書』の佚文は、法琳『破邪論』巻上、唐の道宣『釈迦方志』巻下（六五〇年）、道世『法苑珠林』巻四〇、巻五五などに見られる。『法苑珠林』は韋昭『呉書』による記事と『高僧伝』による記事の双方を記録していることになる。『法苑珠林』巻五五には康僧会の記事の続きに、孫権が仏教について闞沢に問い、その返答に満足して闞沢を太子孫和の太傅としたことが記されており、現存『呉書』「闞沢伝」「孫和伝」によれば、それは赤烏五年（二四二年）のことである。赤烏四年に康層会が呉の地にやって来てやがて訴えられ、うすうす仏教のことを知っていた孫権が、翌赤烏五年にまず闞沢に仏教について問い、康僧会をじかに取り調べたのはその後のことであったろうと推測される。こうした経緯からも、康僧会が呉の地にやって来たのは赤烏四年（二四一年）であったと考えるほうが合理的であると思われる。『呉書』と記さずに「赤烏四年」のことと記しているものに道宣の他の著述のほか、靖邁『古今訳経図記』巻一などがある。『隋書』「経籍志」（六五六年）の段階で残されていた韋昭『呉書』二五巻の中に、幸いにして康僧会に関する記事も含まれていたのであろう。

舎利を得る件は『今昔物語集』六・四「康僧会、胡国に至りて仏舎利を行じ出す語」にも見られる。

二　『旧雑譬喩経』のタイトルと訳者問題

康僧会と本書『旧雑譬喩経』はどう読めばいいのであろうか？　『仏書解説大辞典』（大東出版社、一九三三／一九九九年）は「くざつひゆきょう」とし、『大蔵経全解説大辞典』（雄山閣出版、一九九八年）は「こうそうえ」「くぞうひゆきょう」とする。呉の時代に活躍したのであれば、いわゆる呉音で読むべきなのであろう。だとすれば「こうそうえ」「くぞうひゆきょう」ということになる。康僧会は康国（サマルカンド）出身の僧会、つまり「そうえ」が名であって、康国出身の僧である会ということではないであろう思う。僧の字を名の音写に充てている例は多い。『法苑珠林』巻五五に、名は僧会、姓は康とあり、賛寧『宋高僧伝』（九八八年）巻一八の「僧伽伝」冒頭に、僧会はもと康居の国の人なので康僧会といったとあることからも裏付けられよう。曽布川寛・吉田豊編『ソグド人の美術と言語』（四三ページ等）によれば、康僧会はサマルカンド出身のソグド人であったと考えられるという。

　ところで、『旧雑譬喩経』の名で伝えられている本書は、初めからこの名で伝えられてきたのであろうか？　現存最古の目録である僧祐『出三蔵記集』（五一〇～五一八年）には本書は康僧会の訳経としては挙げられておらず、巻四に失訳（訳者不明）として記されている『旧譬喩経　二巻』が、これに当たるのかもしれない。『出三蔵記集』の直後に書かれた慧皎『高僧伝』（五一九年）は康僧会の訳経として『雑譬喩』を挙げる。これが本書を指しているとするなら、本書はまず『雑譬喩』の名で康僧会の訳経として認知され、『高僧伝』に初めて記録されたことになる。これと『出三蔵記集』の記す失訳『旧譬喩経』が同一のものであるかどうかは分からない。『高僧伝』以後の目録等にも康僧会の訳経として、本書に当たると思われる経名がさまざまな名で挙げられている。『旧雑譬喩経集』（法経等『衆経目録』巻六、五九四年）、『雑譬喩集経』あるいは『雑譬喩経』（費長房『歴代三宝紀』巻五、五九七年）、『旧雑譬喩経集』（彦琮『衆経目録』巻二、六〇二年）、『旧雑譬喩経』（静泰『衆経目録』巻三、六六三～六六五年）、『旧雑譬喩集経』あるいは『旧雑譬喩経』（道宣『大唐内典録』巻二、六六四年）、『雑譬喩集経』（靖邁『古今訳経図紀』巻一、六六四年以降）、『旧雑譬喩経』あるいは『雑譬集経』あるいは『雑譬経』（智昇『開元釈経録』巻二、七三〇年）、『旧雑譬喩経』（円照『貞元新定釈経目録』巻二、八〇〇年。巻三には『雑譬喩集経』『雑譬喩経』ともいうとある）などである。

　こうした経緯から、初めは『雑譬喩（経）』といった名で呼ばれていたものが、その後に訳された同種の経典と区別するために「旧」の字が冠せられて呼ばれるようになったと推測できる。

『雑譬喩経』『雑譬経』『雑譬喩』『雑譬喩集』等と題された経典は、目録等を覗いてみるとたくさんあったようであるが、今に伝わるのは支婁迦讖訳『雑譬喩経』（二世紀末頃。一巻、一二話）、失訳『雑譬喩経』（訳者、年代ともに不明。二巻、三二話）、道略集『雑譬喩経』（道略は三八四〜四一七年の後秦の人。一巻、三七話）、道略集・鳩摩羅什訳『衆経撰雑譬喩』（四一三年以前。二巻、四四話）、それに本書を加えた五本である。本書より支婁迦讖訳のほうが古いので、なぜ本書に「旧」の字が冠せられるようになったのかは分からない。いずれにしろ多数の仏典が失われてしまったことは、説話研究の上からもまことに惜しいことである。上記五本のうちまとまった邦訳は支婁迦讖訳のものに定方晟氏の現代語による完訳がある。道略集『雑譬喩経』には『昭和新纂国訳大蔵経』経典部第二巻所収の読み下し文（訳者は記されていない）と、その直後に同じ出版社から菅原法嶺『百喩経・雑譬喩経』が出ている。この二本はおそらく同じ訳者によるものと思われるが、断定できる記述は見当たらない。道略集には、小瀧淳『雑譬喩経物語』（序に「現代的意訳以上に進めて物語化した」とあり、翻訳といえるかどうか）もある。その他『仏教説話文学全集』『仏教説話大系』にもいくつかの巻に上記五本からの選訳がある。支婁迦讖訳を除く他の四本にはシャヴァンヌによるフランス語訳がある。『旧雑譬喩経』の完訳は凡例三④に挙げた現代中国語訳があるが、邦訳では本書が初めてである。

　ところで、現存最古の目録である『出三蔵記集』が康僧会の訳経として本書に言及していないことが、やはり気になると言えば言える。著者僧祐が康僧会ゆかりの建初寺に縁の深い人であったそうなので、なおさらである。僧祐が訳者不明として挙げている『旧譬喩経』と同名の経が、靖邁『古今訳経図紀』巻一の失訳中にも挙げられている。この二書がもし同一のものであると仮定するなら、靖邁は康僧会の訳経として『雑譬喩集経』を挙げているので、『旧譬喩経』は本書とは別の経典ということになろう。ただ、『出三蔵記集』が現存最古の目録であるといっても、康僧会が亡くなってから二三〇年以上を経て書かれたものであり、経典に訳者の署名がなければ、伝聞に頼るしかないことも事実であろう。同一の経典が複数の異なる名で呼ばれているということもあり、真相については、残念であるが、浅学ゆえに分からないと言うしかない。

こうした事情と、本書内部の事実、羅漢にまつわる最後の七話とそれ以前の第54（63）話までが、すでにシャヴァンヌも指摘しているとおり、まるで異なる文体であること、および第2話が、当初より康僧会訳として各種の目録に記されている『六度集経』所収の類話（第二〇話）と異なる文体であることなどが根拠なのであろう、本書『旧雑譬喩経』には訳者が誰なのかについての問題が生じているようである。林屋友次郎『異訳経類の研究』は失訳（訳者未詳）とする。中村元は『ジャータカ全集』（春秋社）の補註で「伝康僧会訳」とし、彌永信美は「古代インド仏教説話文学における『願』の諸相」のなかで、根拠は挙げていないが、「康孟詳・康僧会共訳」としている。康孟詳は後漢最後の献帝（在位一八九～二二〇年）の時代に活躍した訳経僧で、康僧会と同じくサマルカンドの出身である。没年ははっきりしないが、康僧会より一世代前の人のようである。訳者問題にこれ以上深入りする余裕はないが、上に述べた事情から、少なくとも二人の訳者を想定することはできるのかもしれない。しかし邦訳者としては、本書は一般に認められているように康僧会の訳であるとしておく。すでに記したように、経録の基本であり、白眉（川口義照『中国仏教における経録研究』一一八ページ）とされる『開元釈経録』（巻二）も、『旧雑譬喩経』を康僧会の訳として掲げている。

ところで、本書は康僧会の訳ということであるが、その底本たるサンスクリット語版があるわけではない。雑譬喩であるからにはさまざまな仏典から選び出して訳出したものと考えるのが普通であるが、本書はサンスクリット語から訳されたものではなく、康僧会による創作であるということを言っている学者がいることは注目に値する。本書をフランス語に訳したシャヴァンヌがその人である。シャヴァンヌは、本書は「明らかにすべてが康僧会によって創作されたものの集成である」と言っている（Ⅳページ）。『シンドバードの書の起源』の著者B・

E・ペリーはこのシャヴァンヌの言葉を受け、原註五三において、本書の第16話「妻と王妃の不貞」の類話を論じるなかで、第16話がペルシアの祖先たちから康僧会に伝わったものではないなどと、どうして言えるであろうか？　この物語がペルシアから伝わったものであるとするなら、なぜ本書全体が伝わらなかったなどと言えるのであろうか、と書いている。そうした見解を本書に収められているすべての説話に広げるのは行き過ぎであろうと思うが、いくつかの物語については、ソグディアナやインドで暮らした祖先から伝えられた話を康僧会が『旧雑譬喩経』の中に忍び込ませたと考えることは可能であろうし、興味深いことであると思われる。

三　注目すべき類話について

『旧雑譬喩経』にこの物語ありと、すでによく知られている物語もあるが、それはごくわずかに過ぎない。本書には世俗的な説話が比較的多く含まれていて、そうした中に、これまであまり知られていなかった注目すべき貴重な説話が見られる。しかも最古の類話、あるいは最古の類話のひとつとみなせるものがあるのである。そうした意味で注目すべき物語を、本書で語られる七〇篇の物語の中からいくつか取り上げて新たな光を当て、その大きな流れに触れてみることにしよう。最古層に属する類話には、インド北西部、ソグディアナあるいはペルシア起源の可能性があると見ていいであろう。類話の詳細については【類話】注をご覧いただきたい。

まずは第2話「孔雀王」である。この物語は、本書と同じ康僧会による『六度集経』二〇とともに、最古層に属する類話である。すでに多くの碩学によって指摘されているが、『バルラームとヨアサフ』で語られる「鳥刺しとナイティンゲール」の原話のひとつとみなされている重要な類話である。「鳥刺しとナイティンゲール」はペトルス・アルフォンシ『知恵の教え』にも採り入れられ、そこからシュタインヘーヴェル『イソップ寓話集』

を経て、キリシタン版『伊曾保物語』を通してわが国にも伝わっている。

第15話「欲深な伊利沙をこらしめる帝釈天」の最古の類話は、人妻に横恋慕する神の物語ではあるが、紀元前五世紀のヘロドトス『歴史』六・六九であろう。東西に伝わるとともに、吝嗇や傲慢を戒める物語に変化していったものと思われる。

第16話「妻と王妃の不貞」は、『アラビアン・ナイト』序話に取り込まれているものなので、ご存知の方もいることと思う。本話が最古の類話であり、そのことを最初に指摘したのが、本書をフランス語に訳したシャヴァンヌであるという。類話注に挙げた『アーヴァシュヤカ・チュールニ』は六~七世紀のジャイナ教徒ジナダーサの作とされ、その中の「象使い」と題される物語（ĀvC I 461, 13 - 465, 6）は、ペルシア語版『シンドバード物語』第五の大臣の第二話「アンクレット」の類話を発端とし、本書第25話「偽りの誓い」、本話、ペルシア語版『シンドバード物語』シンドバードの語る第三話および『百一夜物語』第一話「象」に似たモチーフを持つ話、本書第20話「持ち逃げされた女と狐」の計五話をこの順で一話としたもので、ジャイナ教的な改変を受けていると思われるが、インドで本話と同じ説話が連綿と伝承されていた確証となるとともに、本話と『アラビアン・ナイト』や『シンドバード物語』、『トゥーティー・ナーメ』などとの間の空白を埋めてくれるきわめて貴重な興味深い物語である。『鸚鵡七十話』小本一五は、この「象使い」の最初の二話から成り、カルドンヌの『東洋文学集』「正しいとされた女の物語」は、同じく最初の三話から成る。現存最古の『百一夜物語』（一二三四年）を訳したクラウディア・オットは、本話「妻と王妃の不貞」のインドにおける類話が五〇〇年以降にサンスクリット語あるいはパーリ語あるいはその他の言語（プラークリット語などであろうか）から中世ペルシア語（パハラヴィー語）に訳され、ほどなく『ハザール・アフサーネ（千の物語）』の序話に組み込まれ、それがさらに八〇〇年頃にアラビア語に訳されて『アルフ・ライラ（千夜物語）』となって『アラビアン・ナイト』の母体となったとしている（cf. pp. 247, 323f.）。なぜなら、八五〇年頃のものとみなされる『アルフ・ライラ』の現存最古の写本断片が残されているからである。『百一夜物語』は『アラビアン・ナイト』とおそらく並行して、しかもまったく別個に構想された物語集であるが、『百一夜物語』序話所収の類話のほうが、『アラビアン・ナイト』序話所収の類話よりも原型である本話に近いことは類話注にも記したとおりである。

第17話「鳥に育てられた娘」に見られる「鳥に育てられる」というモチーフはペルシア起源であると考えたい誘惑に駆られる。フェルドウシー『王書』で英雄ザールが鳥に育てられたとされており、『王書』は紀元前二〇〇年頃にさかのぼる古い伝承を伝えている可能性があるからである。

第18話「壺の中の女」も『アラビアン・ナイト』序話に含まれている。第16話「妻と王妃の不貞」とともに、仏教説話研究者以外にも知られている、ある意味で、本書の中で最も有名な説話と言えるかもしれない。『ジャータカ』四三六「箱入り女前生物語」にも類話があるが、本話とどちらが古いのかは分からない。

第19話「わずかな手掛かりからの推理」は、セレンディピティという用語のもとになった『セレンディッポの三人の王子』で語られている物語の原話である。これまでは一〇世紀のマスウーディーあたりまでしかさかのぼれなかったが、本書によってさらに七〇〇年ほど古い類話が確認できるわけである。『ジャータカ』四六三「賢者スッパーラカ前生物語」とともに最古層にある類話のひとつである。

第21話「雄羊の忠告」も最古層に属する類話であり、その分布からペルシアあたりが故地ではないかと思われる。

第24話「道端の大金を巡る殺し合い」はハンス・ザックスが「切り株の中の死神」という象徴的なタイトルを付けて謝肉祭劇に仕立てている。『ジャータカ』四八「ヴァーダッバ前生物語」は千人の殺し合いから始まる物語で、不必要に拡大されたものである。本書の物語のほうがより古い形を伝えていると考えられ、最古の類話とみなしていいと思われる。『ジャータカ』（正確には『ジャータカ注解』）所収のジャータカは、古いものは紀元前三世紀の終わりから二世紀の初めに属しているのであろうが、個々のジャータカの年代はさまざまであり、全体として今の形にまとめられたのは五から六世紀のことなので、すべてが古いものと考えるのは危険を伴なうと思われる。もっとも、散逸してしまったが、シンハラ語で書かれた古い『ジャータカ注解』があったとも言われている（『ジャータカ全集』「遠くない因縁話」注112）ので、それが内容も含めて現在のパーリ語のものと同じものであったのかどうか、判断の難しいところではある。この話は、ヨーロッパへは『ジャータカ』を通じて伝播したとされることが多いが、本話と同じ形のものがペルシア、アラビアを経て伝わったと見るほうがいい。本話はその最古形を伝えているということである。

第25話「偽りの誓い」は『ジャータカ』六二「卵のままの女前生物語」の後半部でも語られる物語である。バールフットに浮彫があるということなので、紀元前のインドで知られていた物語と思われるが、この浮彫が『ジャータカ』六二の前半部を表わしたものなのか、後半部を表わしたものなのか、あるいはその両方を表わしたものなのかは未確認である。いずれにしろ、最古層にある類話のひとつである。ジャイナ教の文献にも類話が見られることから、インドで伝承され続けていたことが分かる。本話に含まれるモチーフそのものは、何よりも『トリスタンとイズー』によって広く知られているが、本話により紀元前後には知られていた説話であることが分かる。本書にこの説話があるということはあまり指摘されていない。

第26話「最も立派に振舞ったのは誰か?」に、本話より古い類話は今のところ発見されていない。今分かっている分布状況から見て、中央アジアあるいはその周辺が故地と思われる。類話があまり多くは確認できないので、どのような経路を取ったのかは分からないが、ペルシアを経て、チョーサーやボッカッチョにも伝わっている。

第40話「人喰い鬼との約束」は仏典を中心とする東洋系の物語と、西アジアからヨーロッパに見られる「走れメロス」型の物語に分けることができる。古さから見ると西アジアあたりに起源を持つ説話なのかもしれない。

そのほか第20話「持ち逃げされた女と狐」、第33話「眠り込んだ妻の落とした剣で死んだ夫」、第39a話「よけいなことをして墜落死した亀」なども注目に値する説話である。「墜落死した亀」の説話は、第23話「山火事を消す鸚鵡」や第45話「わが身を供養する兎」の説話とともに、しばしば仏教説話研究者によって取り上げられている。泉鏡花が本書の第17話「鳥に育てられた娘」、第18話「壺の中の女」、第25話「偽りの誓い」を翻案していることも特筆していいであろう。第18話「壺の中の女」もそうだが、第52話「鬼に動じぬ沙門」も志怪小説に材料を提供しているかもしれない。第51話「自分の遺骨をいとおしむ魂」は別の意味で味わいのある説話と言えよう。

以上のような説話のうち、世俗的な説話にこそ説話研究上きわめて重要な説話があり、それらはいずれも仏教説話の枠を超えて、仏典はもちろんのこと、インド（ジャイナ教文献を含む）、チベット、ペルシア、アラビア、ヨーロッパ、中国、日本に類話を見ることができる世界的な広がりを見せている。しかも本書所収のものが類話として最古層に属するものであって、遅くとも紀元前後の頃には西アジアから中央アジア、インドにかけて確実に語られていたと判断していいと思われる。ソグディアナに発し、代々インドで暮らした先祖を持つ康僧会が、二四一年に呉の地に渡ってわずか一〇年後に訳した本書『旧雑譬喩経』には、祖先から伝えられたそうした物語が流れ込んでいると見て間違いないであろう。その背後にある広大な説話の海からほんの少しが、幸いにも康僧会によって書き留められたわけである。よくぞ書き留めておいてくれた、というのが率直な思いである。成立年代が確定できるという意味でもまさに本書は、ユーラシアの古い説話の流れを解明するうえで、きわめて重要な説話集のひとつであると言える。また、この種の説話にはサンスクリット語による典拠があったとは、必ずしも考える必要はない。そういう意味で、本書は康僧会の編纂著述したものとみなすこともできよう。小品ながら、数々の注目すべき説話を含んでいるこの『旧雑譬喩経』は稀有な仏典である。仏典らしくない仏典、つまり、仏教の教義研究の点からはあまり取り上げる必要のない仏典かもしれないが、説話研究の上からは、三世紀半ばの成立というその古さからも、きわめて重要な説話仏典、いや説話集であると言える。成立年代を三世紀と特定できる説話集は世界的に見てもきわめてまれなものであり、ほかには、『パンチャタントラ』の原本にもっとも近いとされ、西暦三〇〇年頃の成立とされる『タントラーキヤーイカ』や最終的に五から六世紀に成立したとされる『ジャータカ』が伝存するくらいである。インドの説話集は年代が確定できないものが多いので、そうした点からも仏典に記録されている説話がどれほど貴重なものであるかが理解できよう。

　視点を変えると、本書『旧雑譬喩経』の存在は、たったひとりの人間が移動することによって、かくも多くの説話が伝播することもあるのだという事実をも、疑いようもなく示してくれている。

　二〇〇四年にH.-J.ウーターによって改訂された『国際的昔話のタイプ』（略称ATU）に登録されている説話も本書にはいくつか含まれている。単に同じモチーフが含まれているというだけではなく、まさに本書の説話が最古の、あるいは最古層の類話であるものもあるのだが、本書への具体的な言及は、なぜかは分からないが、第24話「道端の大金を巡る殺し合い」と第26話「最も立派に振舞ったのは誰か？」のわずかに二話のみである。ほかにも本書所収の物語を加えれば類話の年代が一気に数百年さかのぼれるものもある。つまり、本書は新たな発見に満ちているということであり、そうした意味で世界的な説話研究に貢献できるものであると言える。

　ブッダの前生物語であるジャータカの体裁を持つように見える物語が三篇あることも指摘しておきたい。ブッダがいかなるときに物語を語ったのかを記す現在物語の部分を欠いているので、厳密にはジャータカとは言えないのかもしれないが、第1話「商人と人喰い鬼」、第2話「孔雀王」、第45話「わが身を供養する兎」の三篇がそれである。ほかに、登場人物の前生物語となっているものに第27a話「戻ってきた指環」、師の前生物語となっているものに第32話「屠殺を生業としていた男の報い」がある。また、物語の末尾に、多くは「師が言った」という言葉で導かれる、その物語の教えや要点を記している物語も何篇か見られるが、それは説話としては不要の部分でもあるし、また、お読みいただければ分かることでもあるので、一々の指摘はしない。

『仏書解説大辞典』の「旧雑譬喩経」の項にも一〇篇の説話が紹介されているが、特にここで取り上げた説話と重なるのは、第2話「孔雀王」と第39a話「よけいなことをして墜落死した亀」の二話だけである。視点が変わると見えてくるものがまるで違う一例であると言える。今さら言うまでもないことかもしれないが、視点を変えれば、仏典は説話の宝庫なのである。この小さな『旧雑譬喩経』にも説話研究の上から注目すべき説話がいくつも含まれていることは既述のとおりである。それが仏典という形にせよ、かなり古い時代に日本に伝わっていたことも事実である。しかし不幸なことに、受容の仕方が異なっていたことに起因するのであろう、こうした説話の多くが仏典の中に封じ込められてきたことも、また歴然たる事実のようである。これらが解き放たれていたら、日本の説話はさらに豊かなものになっていたことであろう。

仏典の中でも説話仏典だけが説話を含んでいるわけではないことが事情を複雑にしているが、仏典の中で語られている説話にもっと目を向けなければいけない。そうすることによって、説話研究の分野に未知の広大な新局面が開かれることは間違いのないことと思われる。ただ、本書の翻訳に一年半ほど費やしたことから見ても、仏典が誰もが容易に近づける世界ではないこともまた確かである。古典中国語（いわゆる漢文）を得意とする説話研究者が育ってくれることが不可欠なことであるが、今の時代、難しいことなのかもしれない。しかし、くどいようであるが、この分野の研究が説話研究における世界的な貢献につながることだけは間違いなく言えることである。欲を言えば、ジャイナ教徒が伝える説話の紹介も、もっと積極的になされてほしい。

現存する他の譬喩経にも注目すべき説話が含まれている。本書の類話については「書誌」によって検索していただきたいが、その他の主な説話を挙げると、失訳『雑譬喩経』一六（恐妻家が戦で戦功を上げる。Chavannes, 233)、二六（娘が惚れた男を呪文でおびき寄せる母親）、二九（松山鏡の類話。Chavannes, 236)。道略集『雑譬喩経』五（鬼に担がれて空を飛ぶ比丘が墜落して面目を失う。Chavannes, 160)、八（木像の動く女を作る木師と本物そっくりの絵を描く絵師。Chavannes, 163)、一七（狂った家臣たちから狂っていると言われるまともな王。Chavannes, 172)、二五（蛇の頭と尾の争い。Chavannes, 181.『百喩経』五四も参照）。『衆経撰雑譬喩』八（象に追われて穴に落ちた男。『カリーラとディムナ』『バルラームとヨアサフ』等にも流れ込み、ユーラシア全域に伝わっている。近くはトルストイも取り上げている。Julien, 53; Chavannes, 205.『譬喩経』という名の単経もある）、二〇（道略集五と同じ。Julien, 30; Chavannes, 160bis)、二二（彼方のことは分かるのに目の前のことが分からない男。Chavannes, 176bis)、三一（五〇〇人の盲人が道案内を雇い、金を持ち逃げされる。Chavannes, 220)、三三（『知恵の教え』一「半人前の友だち」の類話。Chavannes, 221)、四一（絵姿女房の類話。Chavannes, 229)、四二（水中に見つけた金を取れない息子と水に映っているのだと見抜く父。Chavannes, 230.『百喩経』六〇も参照）などである。支婁迦讖の『雑譬喩経』には説話的な意味で興味深いものは少ない。失われた譬喩経からの摘出が『経律異相』に比較的多く見られるが、とりわけ注目に値するのは一九・二一（鸚鵡が珠を飲み込むが、そばにいた沙門が疑われる。Chavannes, 440. このモチーフは『アラビアン・ナイト』所収の「シンドバード物語」にも見られる）、四四・一六（鳥の言葉を解する男）、四四・二〇（胡麻塩頭の男と老若二人の妻。Chavannes, 462. 男は禿になるが、『百喩経』七一では失明する）、四四・三三（『衆経撰雑譬喩』八の類話。Chavannes, 469)、四四・三七（鳥の言葉を解し、のち王になる男の子。呪物を奪うモチーフ。Chavannes, 470. 呪物を奪うモチーフについては『百喩経』四一も参照。呪物を除くモチーフを持つ物語が西洋系「七賢人物語」にある）、四五・一七（水面に映る樹上の美女の姿を見て、自分は美人なのだと思い込む醜女。Chavannes, 480.『百喩経』六〇には水底に映る金像のモチーフがある）などである。こうした失われた譬喩経の中には「十巻譬喩経」の名を持つものがあり、経録を見ると、その他にも「雑譬喩経」八〇巻、「雑譬喩経」六巻、「雑譬喩」三五〇首二五巻等が見え、唐の時代ころまでは伝わっていたことが分かる。それらが伝存していればどれほど多くの説話が確認できることかと思うと、まことに残念なことである。

最後に康僧会の他の著作の邦訳を挙げておこう。『六度集経』は「国訳一切経・印度撰述部・本縁部第六巻」でそのすべてを読むことができ、全九一話のうち半数ほどの現代語訳が「仏教説話文学全集」（隆文館）の第二、六、一一巻にある（翻訳には『旧雑譬喩経』と同様に省略が見られる）。また「安般守意経序第二」「法鏡経序第十」が「国訳一切経・和漢撰述部・史伝部一」で読めるほか、前者の現代語訳が『大乗仏典――中国・日本篇――3（出三蔵記集・法苑珠林）』（中央公論社）に収められている。

なお、『六度集経』については、康僧会自身の訳ももちろん含まれているのであろうが、多くはすでにある訳経から康僧会が編纂したものであろうという新説も唱えられているようである。

【付記】　再校終了後、岩田勝市『佛典説話集』を入手。昭和三年（一九二八）四月八日発行の私家版である。二四×一六cm、目次四頁、本文一六四頁、上下二段組、各段一七行×二四字、ほぼ総ルビ付き。解説はない。『賢愚経』『衆経撰雑譬喩経』『百喩経』等全二二経典から七四話、多くは意訳や要約である。本経からの訳はないが、『六度集経』から本書2「孔雀王」（「三人馬鹿」と題し、『雑宝蔵経』からと誤記）と54「わが身を供養する兎」の類話が訳されている。勝市は明治一七年（一八八四）鳥取市の生まれ。如々と号し、『山陰道昔話』『因幡伯耆方言輯録』等の著書があり、童謡を集めた江戸中期享保年間の野間義学『筆のかす』の端本を翻刻、「山陰鉄道唱歌」の作詞者でもある。先人の仕事に敬意を表して紹介させていただいた。

あとがき

二人でできる仕事を何かしようということで『旧雑譬喩経』の翻訳を開始したのがいつ頃であったか、はっきりとは覚えていないのだが、二〇〇八年の六月のころであったかと思う。なぜ『旧雑譬喩経』を選んだのかというと、現存する五本の譬喩経のなかで、世界の説話と比べたときに、今のところ最古の類話とみなせる類話がもっとも多く含まれていたからである。しかもその年代は三世紀の中頃。まさに、説話仏典の雄であり、世界的に見ても類稀な説話集であると言ってもいい。

翻訳はまず西村が底本から、必要に応じてシャヴァンヌや大系本、全集本の既訳を参照しつつ、分量も少なくて訳しやすそうなものから始めて下訳を作り、それを羅が底本および孫・李の訳注本を参照しつつチェックし、OKの出なかった部分について、西村が再び訳し直して再度羅がチェックをした。それでも解決しない疑問の点は二人で議論し、納得したうえで訳文を作った。底本では一貫して句点を用いて文の区切りが示されているが、その位置は必ずしも正しくはないようである。底本の区切り方に従わなかったところが何箇所かあるが、特に注記はしなかった。同じ漢字の並びでも、区切り方次第で意味が変わってしまう例をひとつお目にかけよう。

ある人が友人の家を訪問したのだが、突然雨が降り出し、夜遅くまで降り続いて、一向に止みそうもない。そんな情景を思い浮かべてみてほしい。客は帰るのが億劫になってこう言った。

下雨天留客天留我不留。

すると、主人である友人がこう返事をした。

下雨天留客天留我不留。

さて、どう区切るか。区切り方を間違えると会話が成り立たない。答えはこうである。

客「下雨天、留客天、留我不、留」。

雨の日は客を泊める日だよ。だから、泊めてくれないか？　泊めてくれよ。

友「下雨、天留客、天留、我不留」。

雨のとき、神さまだったら客を泊めるかもしれない。でも、神さまが客を泊めるとしても、私は泊めたくない。

底本通りの句点に従うと、こうした意味の違いが生じるというよりは、どう理解したらいいのか分からないもの、あるいは無理に理解しようとするとこじつけになってしまうものが多かったが、それらは羅の指摘により解決した。翻訳で難航したのは第42話のｂ、ｃ、ｄおよび第58、59、60話である。とりわけ第42話のほうは何度も議論し、それだけで結局ひと月ほどかかってしまった。一応全体の翻訳を終えたのは二〇一〇年一月であるが、細かい修正が終わったのは二月の末である。一年半ほどかかったことになるが、共に仕事ができたことは喜びである。底本はＢ５版で、三段組とはいえ正味一三ページとちょっとなので、そう長いものではないと思っていたが、翻訳してみるとなかなかどうして思いのほかの分量であった。二人揃わなければできなかったことであるが、日本語としての訳文の最終的な責は西村にある。訳文中、数字の表記に若干の不統一が残されているが、お許しいただきたい。また、「用語・人名・国名等」「既訳・類話・文献」「書誌（索引を兼ねる）」「解説」は西村の責任において書いた。

翻訳は、何も省略しない方針を貫き、何よりも読みやすさを心がけた。とりわけ本経は説話仏典として代表的かつ重要なものであり、訳者の関心も、何よりその説話性にある。教義上の語彙も初めのうちはそれなりに訳していたのだが、それはそれで興味を持たれる読者もおられるであろうし、説明的にだらだらと訳すよりはいいであろうと思い、最終的には元に戻して、訳文のあとに「用語・人名・国名等」として五十音順に掲げ、簡単に説明することにした。ただ、説話として読むぶんにはあまり気にすることもないと判断したので、訳文中には注の所在を記さなかった。それこそ必要に応じて見てくだされば幸いである。既訳である全集本や大系本ではこうした語句が多く出てくる部分はほとんど省略されてしまっている。

第54（63）話までと第55（64）話以降が、その語法や文体から見て、別人の手になる可能性があることは解説でも触れたが、本当に違う人物なのかどうか、真相は分からない。こうした事例は正史や野史（民間人の書いた歴史）にもよく見受けられるものである。第42話のb、c、dなどは教理を前面に出したもので、説話とは言えない。そういったものもあって全体として内容的には小乗と大乗の教理が混ざっているようであるが、それは訳者の関心の外にあることなので、そうした方面には一切触れなかった。

譬え話によって教えを分かりやすく説明する方法は、古代から現代まで、連綿として続いている。本書に収められている物語も、外見的にはそうした用に役立てるための体裁を整えているものも多いが、本質的には多くは説話や昔話と言っていいものである。仏典の翻訳ということで、ありがたい内容を期待して本書を手に取られた読者には申し訳ないが、仏典には譬喩経と言って、こういう物語を集めたものもあるのだということを知っていただければ、幸いである。凡例にも挙げたようなこれまでの仏教説話「全集」や「大系」は、仏教を教え広めるために有用とみなされる説話を集めたものであり、また、多く出版されている仏教説話に関する書籍も主としてそうした観点に立って、それぞれの説話から導き出される教訓を説話の紹介のあとに説くものが多いが、本書の解説ではそうした点にはまったく触れていない。あくまでも世界文学のなかにおける説話という観点に立って仏教説話を見直そうというものである。もっぱらこうした側面に光を当てる初めての試みであると言っていいかもしれない。本書により読者の関心が少しでも仏典に語られているこうした説話に向いてくだされば、訳者冥利に尽きると言っていいであろう。

翻訳を終えて二年半ほど経たときに、荊三隆『旧雑譬喩経注釈与辨析』（中国社会科学出版社、二〇一二年七月）が出版された。凡例三④に挙げた中国語訳に続く現代中国語訳である。本書と同様、大正新脩大蔵経所収のものを底本とし、全六一話の原文・注・訳文・各話ごとの解説からなる。各話の解説には類話の指摘はほとんど見られず、もっぱら仏教的な見地から書かれているようである。拙訳との訳文の比較検討は行なっていない。拙訳は全訳として世界で二番目と思っていたのだが、この書が出たために三番目になった。しかし、もっぱら説話面に光を当てて現時点で知り得る限りの類話を紹介したものとしては、また、外国語での全訳としては世界初と自負している。

最後になったが、いくつかの類話を御教示くださった姉崎千明氏、藤田崇氏、奈良県立奈良高等学校の斧原孝守教諭、京都大学の中務哲郎名誉教授、東京大学の杉田英明教授に心より感謝する。

また、出版事情がいよいよ厳しさを増してきている今日、はたして売れるのかどうか分からないような本書の出版をお引き受けくださった溪水社社長の木村逸司氏にも心より御礼を申し上げる。

二〇一三年三月

西村正身・羅黨興

訳者

西村　正身（にしむら　まさみ）

1950年東京生まれ。慶應義塾大学大学院修士課程卒。現在作新学院大学教授。

著訳書に『知恵の教え（*Disciplina　Clericalis*）』（渓水社）。『七賢人物語』『賢人シュンティパスの書』『ドロパトス』『シンドバードの書の起源』（未知谷）。『象徴としての身体』『噂の研究』『美を求める闘い』（青土社）。

紀要論文に「井筒俊彦『アラビア語入門』のための付録」「アリストテレスとフィリス」「落語＜西行＞源流考」「Th.マン『ファウストゥス博士』第31章に引用される物語を追って」「『シンドバード物語』所収話の泉源」などのほか「シンドバード物語」「七賢人物語」の訳多数。

羅　黨興（ら　とうこう）

1949年中国湖北省生まれ、台湾育ち。二松学舎大学大学院博士課程修了。元作新学院大学教授、現在台湾の実践大学等で非常勤講師を勤める。

著者に『退休後的心理調適與生活経営』（共著、揚智出版社、台湾）。

紀要論文に「中国哲学の伝統、変遷及び未来」「中国の伝統と近代化」「中国国劇研究」「中文教学の問題について」「多民族国家の語学教育」「中国北方方言（河南湖北省界）の研究」「台湾社会経済文化」「台湾の社会と文化」など。

旧雑譬喩経全訳

壺の中の女

2013年５月１日発行

訳　者　西村　正身
　　　　羅　　黨　興

発行所　（株）渓水社
　　　　広島市中区小町１－４（〒730-0041）
　　　　電話　082-246-7909／FAX　082-246-7876
　　　　E-mail：info@keisui.co.jp
　　　　URL　http://www.keisui.co.jp

ISBN978-4-86327-214-9　C1014